Soziale Marktwirtschaft und
Parlamentarische Demokratie

Soziale Marktwirtschaft und Parlamentarische Demokratie

Ein Symposion der
Ludwig-Erhard-Stiftung e.V. Bonn
und des Bundesministers für Wirtschaft
am 14. September 1989

Soziale Marktwirtschaft und Parlamentarische Demokratie

Mit Beiträgen von

Karl Hohmann · Otto Schlecht
Erich Streissler · Wolfgang Jäger
Peter Gillies
Matthias Wissmann · Wolfgang Roth
Rainer Funke · Eckhard Stratmann
und anderen

Redaktion
Volkhard Laitenberger

Gustav Fischer Verlag
Stuttgart · New York · 1990

Ludwig-Erhard-Stiftung Bonn
Johanniterstraße 8, D-5300 Bonn 1

Band 28

CIP-Titelaufnahme der Deutschen Bibliothek

Soziale Marktwirtschaft und parlamentarische Demokratie :
[ein Symposion der Ludwig-Erhard-Stiftung Bonn und des Bundesministers für Wirtschaft am 14. September 1989] / mit Beitr. von Karl Hohmann... u. anderen. Red. Volkhard Laitenberger. – Stuttgart ; New York : Fischer, 1990
  (Ludwig-Erhard-Stiftung Bonn ; Bd. 28)
  ISBN 3-437-50334-0
NE: Hohmann, Karl [Mitverf.]; Ludwig-Erhard-Stiftung: Ludwig-Erhard-Stiftung Bonn

© Gustav Fischer Verlag · Stuttgart · New York 1990
Wollgrasweg 49, D-7000 Stuttgart 70
Das Werk einschließlich aller seiner Teile ist urheberrechtlich geschützt. Jede Verwertung außerhalb der engen Grenzen des Urheberrechtsgesetzes ist ohne Zustimmung des Verlags unzulässig und strafbar. Das gilt insbesondere für Vervielfältigungen, Übersetzungen, Mikroverfilmungen und die Einspeicherung und Verarbeitung in elektronischen Systemen.
Satz: Typobauer Filmsatz GmbH, Scharnhausen
Druck: Gulde Druck, Tübingen
Einband: H. Nädele, Nehren
Printed in Germany

Inhaltsverzeichnis

Begrüßung
Karl Hohmann   1

Soziale Marktwirtschaft und Parlamentarische
Demokratie – Die ökonomischen Aspekte
Erich Streissler   7
    Die Kongruenz von Marktwirtschaft und Demokratie
    Die Gegensätzlichkeit von Marktwirtschaft und
        Demokratie
    Soziale Marktwirtschaft – Kompromiß zwischen
        Parlamentarischer Demokratie und Unternehmer-
        wirtschaft
    Der Rechtsstaat als Voraussetzung einer freien
        Unternehmerwirtschaft

Soziale Marktwirtschaft und Parlamentarische
Demokratie – Die politikwissenschaftlichen
Aspekte
Wolfgang Jäger   29
    Das Projekt «Demokratie»
    Das Projekt der «Sozialen Marktwirtschaft»
    Politische Führung durch die Parteien

Diskussion
Peter Gillies (Leitung)   49
    Soziale Marktwirtschaft als demokratische
        Wirtschaftsordnungspolitik
    Marktwirtschaftliche Alternativen – Alternativen zur
        Marktwirtschaft?
    Die ökologische Herausforderung
    Die Zukunft der Sozialen Marktwirtschaft

Schlußwort
Otto Schlecht 89

Referenten und Diskussionsteilnehmer 95
Personenregister 97
Sachregister 99

Begrüßung

Karl Hohmann

Begrüßung

Nach einer Vereinbarung zwischen dem Herrn Bundesminister für Wirtschaft und der Ludwig-Erhard-Stiftung veranstalten wir das Symposion

«Soziale Marktwirtschaft und Parlamentarische Demokratie»

gemeinsam. Anlaß ist das vierzigjährige Bestehen der Bundesrepublik Deutschland. Von den vielen guten Gründen, so zu verfahren, gibt es einige besonders ins Gewicht fallende:

Ludwig Erhard war der erste Bundesminister für Wirtschaft. Er war von allen bisherigen acht Amtsinhabern nicht nur während der längsten Zeit, nämlich 14 Jahre und 26 Tage lang, Chef des Wirtschaftsressorts.

Bedeutsamer ist die Tatsache, daß er der Wirtschaftsordnung der Bundesrepublik Deutschland und ihrer Wirtschaftspolitik bis in die Gegenwart unübersehbar und weiterwirkend seinen Stempel aufgedrückt hat. Täglich begegnen wir den Spuren seines unvergessenen Wirkens. Er hat die Wirtschaftspolitik aus den Niederungen eines profanen und nur den materiellen Bedürfnissen zugewandten Politikbereiches – was nicht wenig ist – in den Rang der Staatskunst gehoben, wohin sie im Zeitalter der industriellen Massendemokratien mit ihren komplizierten inneren und äußeren Ausgleichsmechanismen gehört.

Seine Botschaft von der Freiheit und Verantwortung des Menschen, die ihren systematischen Niederschlag in der Wirtschaftsordnung, die wir bis heute «Soziale Marktwirtschaft» nennen, fand, löste in allen Bereichen der Wirtschaft eine solche Freisetzung der im Menschen angelegten Kräfte aus, daß das entstand, was vor allem im Ausland als «Deutsches Wirtschaftswunder» bezeichnet wurde.

Ludwig Erhard war über diese Wortwahl nicht besonders glücklich, sie bereitete ihm Mißvergnügen, wie er oft bekannt hat. Was sich damals in Westdeutschland ereignete, war für ihn alles andere als ein Wunder. «Es war nur die Konsequenz der ehrlichen Anstrengung eines ganzes Volkes, das nach freiheitlichen Prinzipien die Möglichkeit eingeräumt erhalten hat, menschliche Initiative, menschliche

Freiheit, menschliche Energien wieder anwenden zu dürfen» *(Ludwig Erhard).*

Erhard begann seine Reformen, bevor der Parlamentarische Rat, der das Grundgesetz der Bundesrepublik Deutschland entwarf, im September 1948 seine Arbeit aufnahm. Mit dem Grundgesetz wurde dann der verfassungsrechtliche Rahmen sowohl für die Parlamentarische Demokratie als auch für die freiheitliche Wirtschaftsordnung geschaffen. Der Wahlkampf 1949 hatte ganz im Zeichen der Auseinandersetzung zwischen Markt- und Planwirtschaft gestanden. Der Wahlausgang kam einem Plebiszit für die Soziale Marktwirtschaft gleich.

Wir wollen in diesem Symposion versuchen, die Verbindungslinien zwischen wirtschaftlicher Ordnung und verfassungsrechtlicher und tatsächlicher Gestaltung in den letzten vier Jahrzehnten nachzuziehen. Angesehene Wissenschaftler und in ihren Bundestagsfraktionen zuständige Politiker werden diesen Versuch begleiten.

Ich darf Sie hierzu alle zugleich im Namen des Bundesministers für Wirtschaft sehr herzlich willkommen heißen – an der Spitze die beiden Referenten
Herrn Prof. Dr. *Erich Streissler,* Wien, und
Herrn Prof. Dr. *Wolfgang Jäger,* Freiburg.
Ich begrüße Sie sehr herzlich zusammen mit den Herren Abgeordneten
Rainer Funke, FDP,
Wolfgang Roth, SPD,
Eckhard Stratmann, Die Grünen, und
Matthias Wissmann, CDU/CSU.
Die Diskussion leitet Herr *Peter Gillies,* Die Welt.
Herzlich willkommen.

Meine sehr verehrten Damen und Herren, erlauben Sie mir eine Schlußbemerkung! Ich möchte von dieser Stelle aus alle Gäste begrüßen, die heute zum ersten Mal an einer Veranstaltung der Ludwig-Erhard-Stiftung teilnehmen. Herzlich willkommen.

Vor allem freue ich mich über die Gelegenheit, alle diejenigen begrüßen zu können, die in langen Jahren der Arbeit in der Politik, in den Kirchen, in den Ministerien, in den Medien, in der Wirtschaft und den freien Berufen, in den Büros und an den Werkbänken tätig waren. Sie haben diesen Staat, seine innere Struktur, seine soziale Ordnung und seine Wirtschaft in den letzten Jahrzehnten gestaltet und entwickelt. Sie können stolz auf das sein, was sie geschaffen haben.

Drei Namen möchte ich in diesem Zusammenhang für viele nennen. Ich begrüße Herrn Bischof D. Dr. *Hermann Kunst* und Herrn Prof. *Wallraff* sehr herzlich. Dank für alles, was Sie uns geschenkt haben. Und ich heiße den Senior der ehemaligen Angehörigen des Bundeswirtschaftsministeriums willkommen, Herrn Ministerialdirektor a. D. Rechtsanwalt *Roland Risse.*

Soziale Marktwirtschaft und parlamentarische Demokratie – Die ökonomischen Aspekte

Erich Streissler

Die Kongruenz von Marktwirtschaft und Demokratie

Die Gegensätzlichkeit von Marktwirtschaft und Demokratie

Soziale Marktwirtschaft – Kompromiß zwischen Parlamentarischer Demokratie und Unternehmerwirtschaft

Der Rechtsstaat als Voraussetzung einer freien Unternehmerwirtschaft

---

Ich muß mich zuerst entschuldigen, daß ich zu Ihnen spreche. Als ich gebeten wurde, diesen Vortrag zu halten, habe ich gefragt: Warum einen Österreicher, warum nicht einen Deutschen mit diesem Thema befassen? Man sagte mir, es sei vielleicht besser, einen nicht unmittelbar beteiligten Ausländer zu hören.

Aber ich mache Sie aufmerksam: Gerade wenn wir über Probleme der Gesellschaftsphilosophie und der Staatsphilosophie sprechen, sind die Bürger der vier deutschen Staaten typischerweise ganz unterschiedlicher Meinung. Österreicher unterscheiden sich diesbezüglich in ihren Anschauungen von den Bürgern der Bundesrepublik Deutschland zumeist sehr erheblich.

Vielleicht wird mein Referat daher auch dazu dienen, daß Sie sich Rechenschaft darüber geben, wie sehr deutsche Vorstellungen zu diesem Thema eben Ihr besonderes deutsches kulturelles Eigentum und Erbe sind, deswegen aber auch, weil es eben spezifisch deutsches Kulturgut ist, keineswegs selbstverständlich sind.

Die Kongruenz von Marktwirtschaft und Demokratie

Wer immer im Jahre 1989 über Demokratie spricht, denkt wohl daran, daß vor zweihundert Jahren die Französische Revolution drei demokratische Grundprinzipien formulierte, die Forderungen nach Freiheit, Gleichheit und Brüderlichkeit; oder, so sollten wir vielleicht heute besser sagen: nach Freiheit, Gleichheit und Solidarität als Grundprinzipien jeder Demokratie. Brüderlichkeit in der Demokratie, oder besser: demokratische Solidarität bedeutet das Gebot der Achtung und Wahrung unumstößlicher Grundwerte im politischen Prozeß, insbesondere also die Werthaltung «Was du nicht willst, daß man dir tu, das füg auch keinem andern zu». Sicher gehört daher zu den unumstößlichen Grundwerten in Demokratien die hohe Achtung gegenüber menschlichem Leben und des weiteren ein hohes Maß an Toleranz, die Bereitschaft, den Mitbürgern auch öffentlich das Recht zu geben, ihr Anderssein auszudrücken. Gleichheit in

Demokratien bedeutet insbesondere die Gleichbehandlung aller Gesellschaftsmitglieder im politischen Prozeß; und Freiheit ist das Recht, all das tun zu dürfen, was anderen nicht schadet, was andere nicht beeinträchtigt, freilich nur soweit, wie es keine fundamentalen Moralvorstellungen einer größeren Zahl von Gesellschaftsmitgliedern verletzt, also nur bis zu dem Punkt, wo etwas trotz des Grundwertes der Toleranz für die Mehrzahl untolerierbar wird.

Demokratisch ist eine Gesellschaft dann, wenn, wie *Abraham Lincoln* sagte, die Regierung des Volkes durch das Volk für das Volk erfolgt; und wenn diese Regierung von den Prinzipien der Freiheit, Gleichheit und Solidarität geleitet wird. Genau dasselbe gilt aber auch von der Marktwirtschaft. Marktwirtschaft ist somit im Wirtschaftlichen die genaue Entsprechung zur Demokratie im Politischen. Da sie einander genau entsprechen, Spiegelbilder voneinander sind, bedingen sich, so meinen viele, Demokratie und Marktwirtschaft gegenseitig.

Zuerst eine terminologische Feststellung: Ich halte den unpersönlichen Ausdruck Marktwirtschaft für unglücklich und spreche lieber personalisiert von einer freien Unternehmerwirtschaft. Eine freie Unternehmerwirtschaft ist eine solche, in der es jedermann freigestellt ist, wirtschaftlich etwas zu unternehmen, das heißt wirtschaftliche Entscheidungen zu treffen, ohne jemand anderen zu fragen, wirtschaftlich zu handeln auf eigene Verantwortung und auf eigenes Risiko. Gerade die Unternehmerwirtschaft ist also auf Freiheit ausgerichtet, dieselbe Freiheit wie in der politischen Demokratie: Jeder darf alles tun, was anderen nicht schadet, andere nicht beeinträchtigt. Und vielleicht noch wichtiger: Jeder ist frei, Unternehmer zu werden, und auch frei, gewisse unternehmerische Positionen wieder aufzugeben. Die wirtschaftliche Rationalität, verstärkt durch Wettbewerb mit anderen Unternehmern, zwingt aber auch den Unternehmer zur Gleichbehandlung seiner Kunden und zur Gleichbehandlung seiner potentiellen Lieferanten. Man nennt dies die Anonymität des Marktes: Wer Geld hat als Kunde wird beliefert, gleichgültig, ob er schwarz, weiß oder rot ist; zahlungsfähige und -willige Kunden sind aus der Sicht des Unternehmers völlig austauschbar: Einer ist so gut wie der andere. Die Unternehmerwirtschaft entspricht also den auch die Demokratie kennzeichnenden Grundprinzipien der Freiheit und Gleichheit. Sie setzt darüber hinaus drittens, ebenso wie die Demokratie, Solidarität voraus: nämlich die Solidarität der wechselseitigen Marktgemeinschaft, die Bereitschaft, nur den freiwilligen Tausch (im weitesten Sinne) im Wirtschaftsverkehr zuzulassen und insbesondere Raub und Krieg als Mittel ökonomischer Versorgung auszuschließen. Wie *Adam Smith*, der große Pazifist, ausdrücklich betonte, ist eine freie Unternehmerwirtschaft eine Friedensgemeinschaft. Wirtschaftskriege entstehen erst dann, wenn der staatlich unbeeinflußte, der freie unternehmerische Güteraustausch verlassen wird.

Ich spreche lieber von freier Unternehmerwirtschaft als von Marktwirtschaft, weil der Ausdruck Unternehmerwirtschaft die Bedeutung der persönlichen Leistung in ihr anklingen läßt. Manche haben Angst, daß der Ausdruck «Unternehmerwirtschaft» den Eindruck erwecken könnte, eine solche Wirtschaft werde beherrscht von Unternehmern und geführt in deren ausschließlichem Interesse. Wer so denkt, mißversteht jedoch völlig die Rolle des Unternehmers. Natürlich unternimmt dieser etwas im eigenen Interesse, also des Gewinnes halber. Aber er kann nur Erfolg haben, wenn er den Bedürfnissen anderer dient, andere, an die er im weitesten Sinne «verkauft». Es war *Adam Smiths* tiefe Erkenntnis, daß gerade die freie Unternehmerwirtschaft eine der vollkommensten Gesellschaftsformen ist, um das Eigeninteresse in den Dienst des Gemeinwohls zu stellen. Dem Volk der Demokratie entsprechen in der Unternehmerwirtschaft also die Konsumenten: Freie Unternehmerwirtschaft ist Wirtschaft regiert durch kaufkräftige Konsumenten im Interesse der Konsumenten. König Konsument stimmt in ihr mit Mark und Pfennig ab. Oder, wie wiederum *Adam Smith* dies ausdrückte, in der freien Unternehmerwirtschaft gilt das Prinzip: «Consumption is the sole end and purpose of production», ein Analogon zu *Lincolns* Regierung des Volkes durch das Volk für das Volk.

Die Kongruenz von Marktwirtschaft und Demokratie geht noch weiter. Sie ist auch eine historische. Genau dieselbe Zeit entdeckte beider Prinzipien und rief gebieterisch nach beider Verwirklichung. Adam Smiths «Wealth of Nations» erschien 1776, also im Jahre der amerikanischen Unabhängigkeitserklärung und nur dreizehn Jahre vor dem Beginn der Französischen Revolution, die selbst wieder *Adam Smith* hoch schätzte. *Adam Smith* kannte den Ausdruck «Marktwirtschaft» nicht; er ist ja eine lokal deutsche Prägung. Er sprach bei dem von ihm beschriebenen Wirtschaftssystem von «obvious and simple system of natural liberty». Und genau denselben Ausdruck «the obvious and simple system of natural liberty» hätte er, statt von der wirtschaftlichen Demokratie der freien Unternehmerwirtschaft, wohl auch von der politischen Demokratie gebrauchen können. Im Namen der natürlichen Freiheit hatte insbesondere *Rousseau* Demokratie gefordert. Mehr noch: wenn wir marxistischen Historikern Glauben schenken dürfen, die sehr stark durch die Geschichtsinterpretation des ihnen politisch keineswegs kongenialen Altliberalen *Adam Smith* geprägt sind, so war es gerade die Französische Revolution, also die prototypische bürgerliche Revolution, die auch die Herrschaft der Marktwirtschaft begründete – Marxisten sagen lieber: die Herrschaft des Kapitalismus.

Die Gegensätzlichkeit von Marktwirtschaft und Demokratie

Soweit die großen politischen Denker des 18. Jahrhunderts, übrigens einigermaßen zurechtgestutzt für unsere vereinfachte These der Kongruenz, der Spiegelgleichheit von Demokratie und Marktwirtschaft. Drehen wir nunmehr den Spieß um und behaupten wir vielmehr: Ganz im Gegenteil, freie Unternehmerwirtschaft und politische Demokratie sind wie Feuer und Wasser; sie sind gewissermaßen das Gegenteil voneinander; ja sie bedrohen sich gegenseitig. Blicken wir tiefer, so erkennen wir nämlich, daß wir uns bei der Behauptung der Deckungsgleichheit von Demokratie und Marktwirtschaft auf dem Pfad eines gefährlich simplifizierenden Analogieschlusses bewegt haben.

Schon historisch gesehen muß es auffallen, daß es im späten 18. Jahrhundert jeweils andere Männer waren, die die Wirtschaftsfreiheit und die politisch-demokratische Freiheit forderten. *Adam Smith*, der Apostel der freien Unternehmerwirtschaft, lebte zufrieden in der englischen konstitutionellen Monarchie und sah durch die Ausformung des englischen Parlamentarismus seiner Zeit die Wirtschaftsfreiheit eher bedroht als gefördert – und zu Recht. Die politischen Demokraten der französischen Revolution schadeten umgekehrt der französischen Marktwirtschaft schwer statt ihr zu nützen. Sie schadeten ihr durch ihre hemmungslose inflationäre Kriegsfinanzierung und durch die Unterordnung der Wirtschaft unter politische Ziele. Frankreich fiel gerade unter seiner revolutionären neuen Demokratie wirtschaftlich noch weiter hinter England zurück als unter seiner auch nicht so ganz absoluten Monarchie davor. Es waren, entgegen marxistischer Geschichtsdeutung, auch gar nicht Kapitalisten, die die Revolution trugen, sondern vor allem Juristen. Nur deutsche Autoren des frühen 19. Jahrhunderts sahen eine Deckungsgleichheit von wirtschaftlicher und demokratischer politischer Freiheit; und nur für ihre spezifischen deutschen Verhältnisse sahen sie dies zu Recht. Brachten doch die Wogen der Französischen Revolution in westdeutschen Ländern gleichzeitig politische und für breite Kreise auch wirtschaftliche Freiheiten. Und es war wiederum ein deutscher Fürst und Staatsmann, *Klemens Wenzel von Metternich*, der als seine ganz spezifische Sicht den Autoritarismus der politischen Restauration nach 1815 durch ein Zuviel an freier Unternehmerwirtschaft ernstlich bedroht sah.

Wie die Autoren, so die Prinzipien: Zwar wird sowohl die politische Demokratie als auch die freie Unternehmerwirtschaft durch die drei Prinzipien Freiheit, Gleichheit und Solidarität abgesteckt. Aber bei näherem Zusehen – und wir kommen noch darauf zurück – sind es doch im Inhalt sehr verschieden gefaßte Freiheiten, Gleichheiten und Solidaritäten. Um nur kurz die unterschiedliche Solidarität anzudeuten: Während zwar sowohl Unternehmerwirtschaft als auch Demokratie die Solidarität einer je spezifischen Friedensgemeinschaft voraussetzen, gehört die Solidarität mit den mittellosen Ärmsten im Sinne von deren Lebenserhaltung zu jeder Demokratie, aber sicher nicht zu einer – rein gedachten – freien Unternehmerwirtschaft.

Um den erheblichen Unterschied, um nicht zu sagen Gegensatz, zwischen Demokratie und Unternehmerwirtschaft aufzuzeigen, kehren wir nochmals zur historischen Betrachtung zurück: Mehr oder minder ausgeprägte freie Unternehmerwirtschaften sind historisch viel häufiger als demokratische Staatsformen, seien sie nun parlamentarische Demokratien oder anders verfaßte. Unternehmerwirtschaften blühten und blühen bekanntlich in konstitutionellen Monarchien, nicht minder auch in absoluten Monarchien wie in Frankreich im 18. und in Preußen in der ersten Hälfte des 19. Jahrhunderts. Sie blühten und blühen in Diktaturen wie dem heutigen Singapur. Sie blühen in politisch fast rechtlosen Kolonien wie dem heutigen Hongkong. Sie blühten in einer Theokratie wie der Herrschaft der Kalifen in Bagdad im 8. und 9. Jahrhundert. Unternehmerwirtschaften sind auch viel schwerer umzubringen als Demokratien. Geschwächt können Unternehmerwirtschaften werden, aber nicht so leicht getötet: Sie haben mindestens neun Leben wie eine gute Katze. Ein Staatsstreich genügt und eine Demokratie ist am Ende. Unternehmerwirtschaften – oder, wenn sie wollen, Marktwirtschaften – hingegen sind äußerst belastbar; sie ertragen erstaunlich viel und erstaunlich schwere politische Eingriffe, ohne gänzlich unterzugehen.

Wenn nun aber Demokratien historisch viel seltener und historisch weit verletzbarer sind als Unternehmerwirtschaften, gilt dann nicht wenigstens die umgekehrte Gleichsetzung, daß alle Demokratien marktwirtschaftliche Wirtschaftsordnungen aufweisen? Auch dies ist nicht richtig. England in den vierziger, fünfziger und sechziger Jahren dieses Jahrhunderts war sicher eine voll ausgeprägte Demokratie, aber eine solche, die eine freie Unternehmerwirtschaft mehr und mehr verdrängte. Die Reaktion in England selbst gegen diese Antipathie seines traditionellen demokratischen Systems gegenüber der Unternehmerwirtschaft haben Sie während der letzten zehn Jahre erlebt.

Warum sind Unternehmerwirtschaften historisch so häufig? In einer einigermaßen entwickelten pluralistischen Großgesellschaft sind die Bedürfnisse, sind die Wünsche der Konsumenten äußerst vielfältig, äußerst komplex. Ebenso vielfältig sind die technischen Hilfsmittel, die der Erstellung von Gütern (letztlich bestimmt für die Letztverbraucher) dienen. Die Fülle der erforderlichen Information für eine effiziente Bedürfnisbefriedigung in auch nur einigermaßen entwickelten, das heißt in nicht ganz armen Großgesellschaften sind geradezu unermeßlich. Hier erweist sich nun der Vorteil der freien Unternehmerwirtschaft: Durch ihre dezentrale Entscheidungsstruktur ist sie allein in der Lage, die vielfältigen notwendigen Informationen zu sammeln und einigermaßen richtig zu verwerten. In jeder Großgesellschaft müssen wir mit einem erheblichen Maß egoistischen Verhaltens rechnen, einfach deswegen, weil es in Großgesellschaften nur selten einen an unseren Verstand und unser Gefühl appellierenden «Nächsten» gibt, dem wir uns in Liebe und Hilfsbereitschaft zuwenden können. Großgesellschaften sind Gesellschaften der Fernsten, denen wir kalt gegenüberstehen. Sie müssen daher auch bei egoistischem Verhalten funktionsfähig bleiben. Wie *Adam Smith* betont, ist die freie Unternehmerwirtschaft dadurch gekennzeichnet, daß in ihr gerade auch das eigennützige Handeln der Unternehmer zur Erfüllung der gesellschaftlich gebotenen Aufgabe, der Befriedigung der Konsumentenwünsche, führt. Aus Eigennutz müssen die Unternehmer Informationen sammeln und bestmöglich verwerten; und wenn viele das tun, so zwingt sie der Druck des Wettbewerbs, im Interesse ihres eigenen wirtschaftlichen Überlebens umso eher und umso mehr gesellschaftlich wertvolle Information zu gewinnen und effizient zum Zwecke der Bedürfnisbefriedigung zu nutzen. Die freie Unternehmerwirtschaft ist fast das einzige soziale System, das diese zwei Eigenschaften aufweist, nämlich daß egoistisches Handeln der einzelnen zur Erfüllung eines ganz anders gearteten wertvollen gesellschaftlichen Systemzieles beiträgt; und bei dem diese gesellschaftliche Zielerreichung obendrein zweitens umso besser erfolgt, je mehr Gesellschaftsglieder an ihr teilnehmen. Das einzige andere derartige soziale System, das mir einfällt, ist der militärische Kampf. Auch hier führt der egoistische Wunsch zu überleben dazu, daß ein Kämpfer derselben Partei dem anderen hilft und ihn unterstützt, weil er selbst bald in die Lage geraten könnte, dessen Hilfe zu benötigen. Und auch dieses System funktioniert zumindest nicht schlechter unter vielen. Der militärische Kampf, der Krieg ist ein soziales System mit einer großen Vielfalt von Mitteln, aber mit nur einem Ziel, dem Ziel der Schwächung oder gar Vernichtung des Gegner. Wirtschaft in einigermaßen entwickelten, pluralistischen Großgesellschaften hingegen ist ein gesellschaftliches System mit einer großen Vielfalt von Zielen, den vielfältigen Wünschen der zahlungskräftigen Letztverbraucher; und auch einer großen Vielfalt von einsetzbaren Mitteln. Ja das ist genau genommen überhaupt die Definition dessen, was Wirtschaft in einigermaßen entwickelten Großgesellschaften ist: Wirtschaft ist das komplexeste gesellschaftliche System von vielen Zielen und vielen Mitteln. Und die freie Unternehmerwirtschaft ist die einzige gesellschaftliche Organisationsform, die diesem komplexen Ziel-Mittelsystem, genannt Wirtschaft, einigermaßen gerecht werden kann. Sie kann ihm gerecht werden, weil sie den Eigennutz zur Informationsbeschaffung und -verwertung gesellschaftlich nützt und umso besser funktioniert, je mehr Personen an ihr teilnehmen. Deshalb sind freie Unternehmerwirtschaften historisch so häufig. Sie sind Ergebnis des gesellschaftlichen Ausleseprozesses, welcher leistungsfähige gesellschaftliche Organisationen überdauern läßt.

Wenn aber die freie Unternehmerwirtschaft die effizienteste gesellschaftliche Organisationsform zur Problemlösung für komplexe gesellschaftliche Systeme in relativ wohlhabenden Großgruppen ist, komplexe Systeme in den Zielen wie in den Mitteln, warum gibt es dann überhaupt noch eine eigenständige politische Sphäre, warum gibt es dann überhaupt noch eine parlamentarische Demokratie? Warum ist die freie Unternehmerwirtschaft nur eine Teilordnung, nicht die ausschließliche Ordnung unserer Gesellschaft? Gerade diese Frage zeigt den Gegensatz zwischen «Marktwirtschaft» und Demokratie besonders deutlich auf. Warum sprechen wir überhaupt von zwei verschiedenen Ordnungen? Gibt es wirklich eine vorgegebene Sphäre, die eindeutig politisch, eine andere, die eindeutig wirtschaftlich ist?

Eine solche notwendige und immer gültige Abgrenzung gibt es nicht. Denn alle politischen Aufgaben lassen sich grundsätzlich auch marktwirtschaftlich lösen. Die äußere Sicherheit kann durch marktwirtschaftlich gekaufte Söldnerheere gesichert werden. Viele italienische Städte des Spätmittelalters kauften sich einen Podestà als Chef ihrer Verwaltung auf Zeit, der Schadenersatzprozesse am Ende seiner Amtsperiode bei Übergriffen gewärtigen mußte. Der Schadenersatzprozeß ist überhaupt eine typisch marktwirtschaftliche Lösung von Rechtsstreitigkeiten, seine Durchführung kann privatwirtschaftlich bestellten Schiedsgerichten übertragen werden, wie dies heute typischerweise mehr und mehr zwischen großen Wirtschaftsunternehmen der Fall ist. Der Kauf bürokratischer Ämter ist keineswegs eine so schlechte Einrichtung, wie es der preußische oder österreichische Absolutismus kurz vor und nach 1800 wahrhaben wollte. Nennen Sie mir also irgendeine Staatsaufgabe und ich nenne Ihnen eine unternehmerwirtschaftliche Lösung derselben, die in der Geschichte bereits verwirklicht wurde. Ja viele Politökonomen behaupten, unsere gegenwärtigen parlamentarischen Demokratien seien ohnehin zum guten Teil nur Marktwirtschaften mit anderen Mitteln: Die Politiker kaufen sich die Wähler mit Begünstigungen; und Bürokraten dienten nur ihrem eigenen Nutzen, nicht den Bedürfnissen derjenigen, die sie eigentlich betreuen sollten.

Warum also dann überhaupt noch ein politisches System, demokratisch oder anderer Art, neben einer freien Unternehmerwirtschaft? Dies hat drei Gründe und geht auf die Tatsache zurück, daß zwar, wie anfangs betont, die freie Unternehmerwirtschaft, ebenso wie die Demokratie, auf den drei Prinzipien Freiheit, Gleichheit und Solidarität beruht – aber das doch in je verschiedener Akzentuierung und in je verschiedener inhaltlicher Ausformung.

Zuerst zur Solidarität: Unternehmerwirtschaften bauen auf einem viel schwächeren Solidaritätsprinzip auf als parlamentarische Demokratien; sie erzeugen auch viel weniger Solidarität; sie sind schließlich aber auch viel gefährdeter durch Solidaritätsbruch durch einzelne Außenseiter. Sie bauen auf einem viel schwächeren Solidaritätsprinzip: Sie benötigen nur die Friedensgemeinschaft des freiwilligen Tausches im Gegensatz zur gewaltsamen Aneignung. Politische Demokratien hingegen sind Solidaritätsgemeinschaften in Krieg und Frieden, in Glück und Not. Unternehmerwirtschaften erzeugen auch nur weit weniger Solidarität: Sie sind Tauschgemeinschaften der Kaufkräftigen, der Marktkräftigen, gestuft nach deren Kaufkraft und Marktmacht, Demokratien hingegen pflegen grundsätzlich die Solidarität mit allen Menschen innerhalb des Staatsvolkes, also einem viel weiteren Kreis von Personen. Schließlich sind Unternehmerwirtschaften auch viel stärker gefährdet durch Solidaritätsbruch als Demokratien. Unternehmerwirtschaften sind nämlich stets freiwillige Solidaritätsgemeinschaften. Was aber, wenn sich jemand dieser freiwilligen Gemeinschaft entzieht und nicht mitspielen will? Unternehmerwirtschaften sind zwar keineswegs machtlos gegen Solidaritätsbruch, gegen Verstöße gegen die Regeln des freiwilligen Wirtschaftsverkehrs. Ihre höchst wirkungsvolle Sanktion ist der Ostrakismus, der Ausschluß einer Person aus dem Wirtschaftsverkehr. In vielen Kreditsystemen gilt etwa: Wenn Sie einmal einen Kredit nicht zurückzahlen, erhalten Sie nie mehr einen weiteren. In solchen Kreditsystemen gibt es dementsprechend eine gemeinsame Informationszentrale. Aber oft gibt es kein ausreichendes Informationssystem, um einen Solidaritätsbrecher zu erkennen: Wie wüßte etwa der Lebensmittelladen um die Ecke, daß ein den Laden erstmals Betretender ein Bankräuber ist? Parlamentarische Demokratien, ja die meisten politischen Systeme überhaupt, sind hingegen Zwangsgemeinschaften der Solidarität. Und gerade wegen dieser Fähigkeit zur erzwungenen Solidaritätssicherung können Unternehmerwirtschaften meist nicht ganz eines sie schützenden politischen Systems entbehren.

Das wichtigste der drei Prinzipien Freiheit, Gleichheit und Solidarität für die Unternehmerwirtschaft ist die Freiheit. Auf die Verwirklichung dieses Zieles ist sie insbesondere ausgerichtet. «Freie Bahn dem Tüchtigen» könnte ihr Motto sein; damit dient sie freilich insbesondere den wirtschaftlich Leistungsfähigen und Leistungswilligen.

Sie eröffnet Chancen insbesondere für eine Elite. Dies gilt weit weniger von parlamentarischen Demokratien, die notwendigerweise den Mittelmäßigen, den Medianwähler, wie er technisch heißt, zum Maßstab aller Dinge machen müssen. Deswegen sind klassische Liberale zwar immer Anhänger einer freien Unternehmerwirtschaft, andererseits heute aber vielfach, wie etwa die Nobelpreisträger *James Buchanan*, *Milton Friedman* und *Friedrich August von Hayek*, entschiedene Kritiker, um nicht zu sagen Gegner einer parlamentarischen Demokratie!

Eine Schwierigkeit ergibt sich jedoch für die Freiheit in der freien Unternehmerwirtschaft. Jede Freiheit, so habe ich betont, muß dort ihre Grenze finden, wo freies Handeln des einen andere beeinträchtigt oder ihnen sogar schadet. Ob dies der Fall ist, kann in einer Unternehmerwirtschaft jedoch gar nicht immer festgestellt werden. Es kann nur dann festgestellt werden, wenn alle Nachteile, aber auch alle Vorteile der Produktion beziehungsweise des Konsums eines Wirtschaftsmitgliedes sich in seiner eigenen Wirtschaftsrechnung niederschlagen. Ist dies nicht der Fall, spricht man von externen Effekten. Typisch für negative externe Effekte, das heißt für Nutzenminderungen und direkte Schäden von Gesellschaftsmitgliedern, die in die Wirtschaftsrechnung des Verursachers nicht eingehen, sind Umweltbelastungen. Wenn Sie mit Ihrem Auto in der Stoßzeit fahren und damit andere zusätzlich behindern und wenn Ihre Abgase Gebäude zersetzen und Bäume zum Absterben bringen, so müssen Sie für diese Schäden nicht zahlen; sie gehen nicht in Ihre Wirtschaftsrechnung ein. Daher wird in freien Unternehmerwirtschaften, gemessen am gesellschaftlichen Optimum, zuviel Auto gefahren. Umgekehrt gibt es auch positive externe Effekte: Wenn Sie durch Investitionen zusätzliche Arbeitsplätze schaffen und die Gesellschaft daher weniger Arbeitslosenunterstüzung zahlen muß, so schlägt sich dieser Vorteil nicht in Ihrer Gewinn- und Verlustrechnung nieder. Daher wird in freien Unternehmerwirtschaften (ohne entsprechende Steuervorteile) zu wenig investiert. Solche externen Effekte können teilweise freilich durchaus unternehmerwirtschaftlich durch freie Vereinbarung der Beteiligten abgegolten werden; das tut man seit Jahrtausenden im Nachbarschaftsrecht. Läßt es sich jedoch nur sehr schwer feststellen, wer die Betroffenen sind und wie sie betroffen wurden, so entsteht ein weiteres Feld für effizienten Staatseingriff – möglicherweise sogar neben der inneren und äußeren Sicherheit, den Eingriffen also zur Erzwingung der Solidarität, das einzige Feld für wirtschaftliche Staatseingriffe. *Carl Menger*, der klassisch-liberale Begründer der österreichischen Schule der Nationalökonomie, wollte etwa in seinen Vorlesungen vor dem österreichischen Kronprinzen *Rudolf* die Staatstätigkeit genau auf diese Abwehr negativer externer Effekte und auf die Bereitstellung von Gütern mit positiven externen Effekten, die die Unternehmerwirtschaft mangels privater Rentabilität nicht liefern würde, beschränken.

Aber diese Vorlesungen *Mengers* vor dem österreichischen Kronprinzen erfolgten 1876, vor dem Entstehen voll ausgebildeter parlamentarischer Demokratien in Kontinentaleuropa. Und parlamentarische Demokratien gehen in der Regel in ihrer Einschränkung der freien Unternehmerwirtschaft viel weiter. Der Grund hierfür liegt darin, daß zwar Unternehmerwirtschaft wie Demokratie als drittes Prinzip auf der Gleichheit beruhen, inhaltlich gesehen jedoch auf völlig verschiedenen Gleichheitsvorstellungen.

Die freie Unternehmerwirtschaft beruht auf einem prozeduralen Gleichheitsbegriff, auf dem Prinzip der Gleichbehandlung: Ein kaufkräftiger Kunde, der ebensoviel abnimmt wie ein anderer, ist diesem in der Unternehmerperspektive gleichwertig, auch wenn er von anderer Rasse, Religion oder Geschlecht ist; und es ist daher rational, ihn in den gewährten Wirtschaftsbedingungen gleich zu behandeln. Dieses Prinzip wird gut durch das sarkastische Wort illustriert und kritisiert: Gleichheit bedeutet, daß sowohl Arme wie Reiche unter den Brücken schlafen dürfen. Kritisiert, denn parlamentarische Demokratien, die auf dem allgemeinen, gleichen und geheimen Wahlrecht beruhen – und ich nehme an, im Titel meines Vortrages sind nur diese gemeint – beruhen auf einem ganz anderen Gleichheitsbegriff, einem materiellen Gleichheitsbegriff, dem Prinzip der Gleichstellung der Personen im betrachteten Ergebnis. Dieses Prinzip wird oft auch «Gerechtigkeit» genannt: Gleichwertige Personen sollen gleich und auch nicht durch Zufall, erst recht aber nicht in systematischer Weise unterschiedlich gestellt werden. Unter einer «gerechten» Einkommensverteilung versteht man meist eine gleichmäßige. Kurzfristig denkendes, egoistisches Wählerverhalten in der parlamentarischen Demokratie mit gleichem Wahlrecht muß dazu führen, daß die Einkommen und Vermögen solange umverteilt werden, bis alle gleich viel haben, bis Gleichverteilung aller Einkommen und Vermögen erreicht ist. Denn die Ärmeren werden solange zu Lasten der Reichen umverteilen, bis sie die Reichen eingeholt haben; das aber ist nur dann möglich, wenn alle genau gleich viel haben. Und diese Umverteilung erfolgt deswegen, weil bei gleichem Stimmrecht nur gleiche Einkommen und Vermögen die wirtschaftliche Macht und Stärke genau der politischen gleich machen.

Diese evidente Tendenz von parlamentarischen Demokratien zur ökonomischen Umverteilung ist es, die von klassischen Liberalen abgelehnt wird. In ihren Augen ist Gleichverteilung des wirtschaftlichen Ergebnisses höchst ungerecht, weil die wirtschaftlichen Leistungen verschieden sind. Im demokratischen Prozeß versteht jedoch der Durchschnittsbürger die Leistungen, und gerade auch die gesellschaftlichen Leistungen, der wirtschaftlichen Eliten nicht. Aber die Wirklichkeit des demokratischen Prozesses ist auch etwas besser als in dem eben geschilderten Horrorszenario für den klassischen Liberalen. Umverteilung bis zur Gleichverteilung wird nirgendwo durchgeführt, obwohl Schweden nicht sehr weit davon entfernt ist. Für diese tatsächlichen Grenzen des demokratischen Umverteilungsprozesses gibt es vier Gründe. Erstens in den meisten parlamentarischen Demokratien den weisen verfassungsmäßigen Grund: Wenn Eigentumseingriffe nur mit qualifizierter Mehrheit, etwa mit Zweidrittelmehrheit, durchgeführt werden dürfen, so ist nur das reichste Drittel, nicht die obere Hälfte gefährdet und die Umverteilung wird nicht vollständig sein. Zweitens erkennt der Durchschnittswähler, daß ein Gutteil der Einkommens- und Vermögensunterschiede nur altersbedingt ist: Die Älteren sind im Schnitt reicher als die Jüngeren. Da der Durchschnittswähler erwarten kann, alle Altersphasen zu durchlaufen, sieht er hier keinen Grund zur Umverteilung. Soweit der Durchschnittswähler höheres Einkommen als Ergebnis eines Glücksfalles sieht, der auch ihm winken kann, wird er drittens nicht gegen solche Unterschiede sein, in der Hoffnung, auch ihm könnte das Glück winken. Und schließlich ist der demokratische Durchschnittswähler nicht so kurzsichtig, daß er nicht erkennt, Einkommensunterschiede seien notwendig, um Anreize zu wirtschaftlicher Leistung zu bieten. Nur durch unterschiedliche Einkommen bringt nämlich die Unternehmerwirtschaft das Wunder zustande, den Eigennutz der Erwerbstätigen dem Gemeinwohl nutzbar zu machen. Wer daher die Einkommensunterschiede gänzlich abschafft, der tötet auch die Unternehmerwirtschaft, nicht dadurch, daß er sie verbietet, sondern dadurch, daß er ihr den Antrieb nimmt: Wozu sich anstrengen, wenn jeder das Gleiche erhält?

Soziale Marktwirtschaft – Kompromiß zwischen Parlamentarischer Demokratie und Unternehmerwirtschaft

Anscheinend auf Umwegen habe ich nun endlich mein eigentliches Thema erreicht: das Thema Soziale Marktwirtschaft und parlamentarische Demokratie. Soziale Marktwirtschaft ist nichts anderes als ein Kompromiß zwischen parlamentarischer Demokratie mit gleichem Wahlrecht und Unternehmerwirtschaft, ein Kompromiß zwischen dem Prinzip der Ergebnisgleichheit und dem Prinzip der Freiheit.

Genau als ein solcher Kompromiß, dem deutschen Bürger angeboten, wurde die deutsche Formel von der «Sozialen Marktwirtschaft» historisch auch eingeführt. Einem im Übermaß an Solidarität und Gleichmacherei gewohnten deutschen Bürger sollte «Markwirtschaft» wieder schmackhaft gemacht werden mit dem Hinweis, man müsse dabei keineswegs verzichten auf soziale Ausrichtung des Staatszweckes. Man müsse also trotz Marktwirtschaft nicht verzichten auf eine solidarische Herstellung größerer Gleichheit, als sie der Marktprozeß selbst herbeiführt.

Dieser Kompromiß der Sozialen Marktwirtschaft zwischen wirtschaftlicher Ergebnisgleichheit und Freiheit ist für alle auf gleichem Wahlrecht beruhenden parlamentarischen Demokratien typisch, solange sie die Marktwirtschaft nicht gänzlich zu verdrängen suchen. Er ist typisch, gleichgültig, ob diese Gesellschaften von Sozialer Marktwirtschaft sprechen oder nicht; typisch freilich in variabler Gewichtung. Alle diese parlamentarischen Demokratien lassen die Unternehmerwirtschaft mehr oder weniger gewähren, um die unübersehbar vielen Bedürfnisse der Letztverbraucher als ihr höchst komplexes Ziel zu befriedigen. Sie legen andererseits der Unternehmerwirtschaft soziale Schranken auf, innerhalb derer sie sich allein bewegen darf: Arbeitsschutznormen, Mitbestimmungsauflagen und neuerdings mehr und mehr Umweltschonungsgebote. Des weiteren schöpfen parlamentarische Demokratien einen erheblichen Teil des Wirtschaftsüberschusses ihrer Unternehmerwirtschaft ab. Sie verwenden diesen nicht zuletzt, um die sozialen Ziele der Einkommensumverteilung zu erreichen: Arbeitslosengeld, Notstandshilfe, Krankenvorsorgen und vor allem Sozialrenten an die Alten werden durch die Öffentliche Hand ausgezahlt, um eine höhere Einkommensgleichheit zu erzielen, als sie der Marktprozeß der Unternehmerwirtschaft von sich aus herbeiführen würde.

Genau genommen ist das Wort von der «Sozialen Marktwirtschaft» ein deutsches politisches Schlagwort, das wissenschaftlich gesehen widersprüchlich und unlogisch ist.

Wissenschaftlich präzise müßte man von der sozialen und Marktwirtschaft sprechen: von einem Gesellschaftssystem, das die sozialen Ziele über den politischen Prozeß anpeilt und die im engeren Sinne wirtschaftlichen über seine Unternehmerwirtschaft. Die soziale und Marktwirtschaft ist ein Gesamtsystem, das sich zweier verschiedener Teilsysteme bedient, um einen jeweils wechselnden Kompromiß der gegensätzlichen Prinzipien wirtschaftlicher Ergebnisgleichheit und wirtschaftlicher Freiheit zu verwirklichen. Die Unternehmerwirtschaft als solche dient zwar zentralen gesellschaftlichen Zwecken; aber sie ist im heutigen Sinne nie sozial. Ich erinnere mich noch gerne der Tagung der Mont Pèlerin Society in München vor fast zwanzig Jahren auf dem Höhepunkt deutscher sozialliberaler Träume. Der Nobelpreisträger *Milton Friedman* hielt das Erstreferat zum Thema «The social responsibility of business». Der die Tagung eröffnende, idealistisch-sozialistisch denkende Staatssekretär erging sich in begeisterten Worten über die hohe soziale Aufgabe und die hohe soziale Verantwortung moderner Unternehmen – sehr zum Amusement der Zuhörer, die sich bereits ausmalen konnten, wie konträr ihr damaliger Präsident, *Milton Friedman*, antworten würde. Die ersten Worte seiner Ansprache waren dann auch entsprechend: Er sagte: «The social responsibility of business is that it has no social responsibility». Gesellschaftszweck der Unternehmen ist schlicht und einfach Gewinnerzielung; wobei die Gewinne natürlich nur vordergründiges Ziel sind: Letztlich sind Gewinne nur der unumgängliche Regelmechanismus, um Bedürfnisbefriedigung der Letztverbraucher weitestmöglich zu erreichen. Ganz recht hatte *Friedman* mit seiner Darstellung freilich nicht: In einer Gesellschaft, die soziale Ziele hochschätzt, werden sich Unternehmen sinnvollerweise oft sozial geben, weil das ihrem langfristigen Überleben zuträglich ist, weil es ihren langfristigen Gewinn maximiert. Soziale Ziele können so über die Hintertreppe subsidiäre Unternehmensziele werden, zumal ja Unternehmer unteilbare Menschen in einem sozialen Gesamtzusammenhang sind und nicht immer ausschließlich in ihrer wirtschaftlichen Rolle agieren. Aber es ist festzuhalten, daß ein Übermaß auch an freiwillig übernommenen sozialen Leistungen nicht selten für Unternehmen existenzgefährdend werden kann.

Dasselbe gilt letztlich auch für die parlamentarische Demokratie: Ein Übermaß an staatlichen sozialen Aufgaben mit seinen zugehörigen Finanzierungskosten kann die Funktionsfähigkeit der Unternehmerwirtschaft beeinträchtigen. Gerade hier tut es gut, an *Ludwig Erhards* Lieblingswort vom «Maßhalten», von Mitte und Maß zu erinnern. Das Schlagwort von der «Sozialen Marktwirtschaft» wurde geprägt, als überall in der westlichen Welt das Pendel gerade in die soziale Richtung ausschlug – bis Ende der sechziger Jahre etwa. Heute schlägt es aber mit Macht in die umgekehrte Richtung. Deutschland hinkt in der Einkommensteuersenkung anderen Ländern nach und droht zum Hochsteuerland zu werden. Und die Sozialrenten werden in Zukunft aus demographischen Gründen bei ihrem gegenwärtigen Stand jede Unternehmerwirtschaft überfordern.

Der Rechtsstaat als Voraussetzung einer freien Unternehmerwirtschaft

Wir haben gesehen, daß die auf gleichem Wahlrecht beruhende parlamentarische Demokratie und die freie Unternehmerwirtschaft zwar insofern durch Familienbande verknüpft sind, als beide auf den Prinzpien der Freiheit, Gleichheit und Solidarität beruhen, andererseits aber wegen der verschiedenen Akzentuierung dieser Prinzipien doch eher eine stets miteinander im Kampf liegende »Familienbande« im Sinne von *Karl Kraus* bilden: im Kampf liegend um Ergebnisgleichheit auf der einen, um mehr Freiheit am Markt auf der anderen Seite. Es ist also nicht die parlamentarische Demokratie, die Voraussetzung einer sogenannten «Marktwirtschaft» ist. Was deren wirkliche Voraussetzung ist, ist der Rechtsstaat, somit also der beschränkte Staat, auch in der Demokratie. Marktwirtschaft beruht auf einer Privatsphäre, in die der Staat grundsätzlich nicht eingreift. Die Unternehmerwirtschaft benötigt Rechtssicherheit, sie benötigt insbesondere Eigentumssicherheit, um langfristig planen zu können. Ohne rechtsstaatliche Sicherheit kann die Unternehmerwirtschaft nicht blühen. Aber rechtsstaatliche Sicherheit gibt es in vielen Staatsformen außerhalb der parlamentarischen Demokratie; es gab sie etwa in vielen Phasen der römischen Kaiserzeit, es gab sie in der venezianischen Aristokratie, es gab sie in der englischen aristokratischen Monarchie. Bei allzu vielen regulierenden Eingriffen kann umgekehrt auch in Demokratien die rechtsstaatliche Vorhersehbarkeit staatlichen Handelns bedroht sein.

Der organisatorische Gegenpol zur freien Unternehmerwirtschaft ist nicht eine bestimmte Staatsform, sondern ein bestimmter Staatsapparat: Ihr Gegensatz ist ein bürokratischer Apparat, insbesondere eine ausgedehnte Wirtschaftsbürokratie. Das ist auch der Grund, warum es mehr oder minder vollkommen ausgeprägte Unternehmerwirtschaften so häufig in der Geschichte gab: Die meisten Staaten verfügten nämlich über keine funktionsfähige Bürokratie, so daß sie eine Unternehmerwirtschaft gar nicht verhindern konnten, auch wenn sie es gewollt hätten. Es ist kein Zufall, daß die industrielle Revolution gerade im England des 18. Jahrhunderts erfolgte, weil nämlich England die kleinste staatliche Bürokratie der damaligen Zeit hatte. Moderne parlamentarische Demokratien sind hingegen für die freie Unternehmerwirtschaft bedrohlich, weil sie große Bürokratien entwickelt haben. Der Artikel 1 der österreichischen Bundesverfassung lautet ungefähr so, wie in jeder anderen parlamentarischen Demokratie auch: «Österreich ist eine demokratische Republik. Sein Recht geht vom Volk aus.» Der Volksmund hingegen behauptet, er sollte wahrheitsgetreu eher lauten: «Österreich ist eine bürokratische Republik. Sein Recht geht am Volk aus» – und das wäre schlecht, insbesondere für die Unternehmerwirtschaft.

Wirtschaftsbürokratien sind in gewissem Maße sicher notwendig, um öffentliche Schutzinteressen wahrzunehmen: Gesundheitsschutz, Arbeiterschutz, Umweltschutz und so fort. Aber sie funktionieren genau umgekehrt wie Unternehmerwirtschaften und sind daher in besonderer Weise von Ineffizienz und Leerlauf bedroht. Wir haben gesehen, daß in der Unternehmerwirtschaft in seltener Weise der Eigennutz systemimmanent dem gesellschaftlichen Zweck des Systems dienstbar gemacht wird, und daß diese umso besser funktioniert, je mehr Personen an ihr teilnehmen, weil dann nämlich Wettbewerb entsteht. Genau das Gegenteil gilt von bürokratischen Systemen. Hier wirkt der Eigennutz systemschwächend und effizienzlähmend, weil er sich in internen Intrigen austobt. Ein österreichischer Bürokrat schilderte einmal die Zeiteinteilung seines Tagesablaufs: Dreißig Prozent seiner Zeit spinne er eigene Intrigen, sechzig Prozent seiner Zeit wehre er die Intrigen seiner Kollegen ab, und die restlichen zehn Prozent der Zeit blieben ihm zu arbeiten. Es muß sich bei dieser Geschichte mit den immerhin zehn Prozent Arbeitszeit wohl um einen sehr tüchtigen und arbeitseifrigen Bürokraten gehandelt haben! Evidentermaßen sind Bürokratien umso schlechter funktionsfähig, je mehr Mitglieder sie aufweisen: Umso länger werden nämlich die Kommunikationswege für den Informationsfluß und umso leichter wird es für den einzelnen, unbemerkt überhaupt nichts anderes zu tun, als wichtig zu sein.

Die größten Wirtschaftsbürokratien weisen das politische Zwangssystem der Sowjetunion und das seiner Satellitenstaaten auf. Erst vor wenigen Monaten hörte ich einen führenden russischen Wirtschaftswissenschaftspolitiker prahlen: Es sei allgemein bekannt, daß die Sowjetunion die beste Bürokratie der Welt hätte. Allgemein bekannt ist freilich eher, daß die Sowjetwirtschaft in Stagnation verfallen und durch ärgste Versorgungsengpässe gekennzeichnet ist. Und so ist dann die neumodische, populäre Gleichsetzung entstanden: Die Sowjetunion und die anderen RGW-Länder sind undemokratisch und unmarktwirtschaftlich. Sie benötigen mehr Demokratie und mehr Markt. Beides sei dieselbe erforderliche Perestroika. Demokratie und Markwirtschaft seien dasselbe.

Es ist für diesen spezifischen und historisch erstmaligen Fall durchaus richtig, daß der Weg weg von einem durch überdimensionierte Wirtschaftsbürokratien geprägten Zwangssystem gleichzeitig in Richtung mehr Demokratie und mehr Marktwirtschaft gehen könnte. Aber auch hier ist vereinfachendes Kurzschlußdenken problematisch. Mir scheint es im Falle der Sowjetunion, ja selbst im Falle Ungarns eher so zu sein, daß die Staatsführung demokratische politische Rechte gewährt, weil sie sich politisch nicht in der Lage sieht, in wesentlich verstärktem Maße zu einer Marktwirtschaft überzugehen; daß sie also Freiheit statt Brot gewährt und nicht Freiheit und Brot. Denn erinnern Sie sich an jene Wirtschaftsbürokratie, die sich für die beste der Welt hält: Sie wird sich nicht so leicht zur Seite schieben lassen. Nur in Polen scheint sowohl das wirtschaftliche als auch das politische System so vollkommen blockiert zu sein, daß aus purer Verzweiflung und aus reinem Mangel an überhaupt noch in Frage kommenden Alternativen ein rascher Übergang zu einer weitgehend marktwirtschaftlichen Ordnung denkbar erscheint. Doch auch hier hege ich meine Zweifel. Das extreme Gerechtigkeitsstreben von Solidarnosc – oder sagen wir es anders, die unternehmerfeindliche Haltung der päpstlichen Soziallehre – sind der Funktionsmöglichkeit einer Unternehmerwirtschaft kaum weniger entgegengerichtet als bürokratischer Planungsfanatismus. Und gerade für die ostmitteleuropäischen und osteuropäischen Wirtschaften erweist sich mein Hinweis, daß Marktwirtschaften besser Unternehmerwirtschaften heißen sollten, als wegweisend: Es genügt eben auch nicht, einen Markt zu ermöglichen. Man benötigt Unternehmer, und Unternehmerpersönlichkeiten sind in solchen Wirtschaften nach vieljähriger Umerziehung aller Menschen sehr rar geworden. Wo Unternehmer vorhanden sind, wagen sie sich mit Recht eher an die Befriedigung der offensichtlichen Versorgungslücken der Dienstleistungserstellung und nicht an die schwierige Aufgabe, staatliche Großunternehmen der «großen» Industrie zu sanieren. Wir leben so gut, wie wir arbeiten, erklärte vor kurzem ganz zu recht ein neuer russischer Parlamentarier. Ganz verkommene Staatsbetriebe ohne persönliche Anreize der Arbeiter zu sanieren, ist eine Sisyphusarbeit: Sie arbeiten zu schlecht. Am ehesten winkt noch die Möglichkeit, ausländische Unternehmer ins Land zu rufen, um verrottete Betriebe zu privatisieren. Und das wäre wiederum ein Fall, wo parlamentarische Demokratie und Unternehmerwirtschaft schon der Nationalität der Personen nach eher auseinander- als zusammenfallen würden.

Soziale Marktwirtschaft und parlamentarische Demokratie – Die politikwissenschaftlichen Aspekte

Wolfgang Jäger

Das Projekt «Demokratie»
Das Projekt der «Sozialen Marktwirtschaft»
Politische Führung durch die Parteien

Die zahlreichen Veranstaltungen aus Anlaß des vierzigjährigen Bestehens der Bundesrepublik Deutschland gelten mit wenigen Ausnahmen dem politischen System, zuvörderst seiner Verfassung und seinen Institutionen. Die Wirtschaftsordnung als solche steht am Rande der Aufmerksamkeit. Die Wirtschaftsgeschichte der Bundesrepublik Deutschland tritt meist nur in ihrem materiellen Ergebnis oder aber als Gegenstand politischer Entscheidungen, etwa in den Bereichen der Finanz-, Struktur- und Bildungspolitik, in das Blickfeld. Als Politikwissenschaftler neige ich natürlich ebenso zu dieser Betrachtungsweise. Ich will denn auch im ersten Teil meines Referates die Demokratiegründung in Westdeutschland – im Bewegungsjargon unserer Tage gesprochen: den Erfolg des «Projekts Demokratie» – abhandeln. Ein zweiter Teil gilt dem «Projekt Wirtschaftsordnung» in einem umfassenden Sinne. Ich frage darin vor allem, wie sich die Geschichte des politischen Systems aus der Sicht jener Ideen darstellt, die von den Vätern der Sozialen Marktwirtschaft entworfen wurden. Das politische System der Bundesrepublik Deutschland wird also gleichsam durch zwei Brillen gesehen, einmal durch jene der Verfassungsväter und zum anderen durch jene der Väter der Wirtschaftsordnung. Abschließend soll die Frage nach der Notwendigkeit und Chance politischer Führung durch die Volksparteien den Blick in die Zukunft lenken.

Das Projekt «Demokratie»

Für die meisten politisch engagierten Zeitgenossen weist die vierzigjährige Geschichte der Bundesrepublik Deutschland einen deutlichen Einschnitt zur Halbzeit auf. Die einen sehen in der APO und im Antritt der sozial-liberalen Koalition den Beginn der eigentlichen Modernisierung und Demokratisierung der Bundesrepublik nach einer Phase politischer, gesellschaftlicher und wirtschaftlicher Restauration und geistigen Biedermeiers; andere sehen mit der zweiten Phase eher den Mißbrauch und die Gefährdung der Demokratie und Wirtschaftsordnung am Horizont heraufziehen: durch eine übermäßige Ausweitung der Staatsaktivitäten und durch irrige Demokratiemodelle oder gar totalitäre Denkansätze.

Der scharfe Schnitt des Jahres 1969 ist allerdings mehr ein Produkt der damaligen parteipolitischen Polarisierung als das Ergebnis ernsthafter zeitgeschichtlicher Analyse. Die sozial-liberale Koalition selbst stellte den Regierungswechsel als zweite «Stunde Null» der deutschen Nachkriegsgeschichte dar. Komplementär dazu konnte sich die Union mit ihrer neuen Rolle der Opposition nicht abfinden und gerierte sich als «verhinderte Regierungspartei».

Geschichtsmächtig wurde der Anspruch der sozial-liberalen Koalition, mit ihrem Antritt in der Demokratie-Geschichte des Landes einen Neubeginn zu markieren und eine Art «innerer Neugründung» zu versuchen. *Willy Brandt* formulierte im Mai 1969 in einem vieldiskutierten Aufsatz «Die Alternative»: «Für die CDU/CSU bedeutet Demokratie eine Organisationsform des Staates. Für die SPD bedeutet Demokratie ein Prinzip, das alles gesellschaftliche Sein der Menschen beeinflussen und durchdringen muß.» Auf diesem Hintergrund erschien es nur konsequent, wenn *Brandt* in seiner ersten Regierungserklärung die unvergeßlichen Worte aussprach, daß die neue Regierung mit der Demokratie erst richtig anfangen wolle. Die *Adenauer*-Ära wurde gleichsam als vordemokratisch abqualifiziert.

Wie sieht nun die historische Realität aus? Erweist sich die *Brandtsche* Unterscheidung als sinnvoll für die Etikettierung der Jahre vor und nach 1969? In der Tat ist die Bedeutung der *Adenauer*-Ära für die von *Brandt* genannte «Demokratie als Organisationsform des Staates» kaum zu überschätzen. Das parlamentarische System mit dem Rollenspiel einer handlungsfähigen Regierung und einer starken Opposition wurde von Anfang an eingeübt. Mehrere Faktoren trugen dazu bei: zunächst *Konrad Adenauers* Entscheidung für die kleine bürgerliche Koalition, dann die rasche Konzentration des Parteiensystems. Diese wiederum wäre nicht denkbar gewesen ohne die wirtschafts- und sozialpolitischen Erfolge, die erst die Kanzlerpartei zum Magneten machten, der fast die Hälfte der Wählerschaft anzog und integrierte. Es war außerdem ein Glücksfall für den Beginn der Bundesrepublik Deutschland, daß das Gegeneinander von Regierung und Opposition und damit die großen Weichenstellungen des Anfangs durch profilierte Persönlichkeiten repräsentiert wurden: hier *Konrad Adenauer* und *Ludwig Erhard*, dort *Kurt Schumacher.*

Adenauers «Kanzlerdemokratie» kommt in der Rückschau modellbildende Kraft zu. Damals eher kritisch in der Tradition deutscher Autoritätsgläubigkeit betrachtet, erscheint sie heute angesichts der Schlingen einer «Koordinationsdemokratie» als Maßstab politischer Führung, gerade in den Augen derer, die die *Adenauer*-Ära eher als «restaurativ» abwerten. Diese paradoxe nostalgische Sicht gilt im übrigen auch für den Deutschen Bundestag. Damals als ohnmächtig gescholten, erinnert man in der Gegenwart einer eher mittelmäßigen parlamentarischen Geschäftigkeit große Plenardebatten, farbige und kantige Abgeordneten-Persönlichkeiten. Der Bundestag der *Adenauer*-Ära erscheint heute fast als Institution eines «Goldenen Zeitalters» des bundesdeutschen Parlamentarismus.

In der *Adenauer*-Ära lernten die Deutschen, daß die repräsentative Demokratie Führung und Kontrolle zugleich beinhaltet, daß der Regierung auch gesetzgeberisch die Führung zukommt, und daß das Parlament seine Repräsentationsfunktion zuallererst in der öffentlichen Auseinandersetzung von Persönlichkeiten ausübt, mit denen sich die Wähler identifizieren können. Es war denn auch kein Zufall, daß antiparlamentarische und radikaldemokratische Strömungen in der Geschichte der Bundesrepublik Deutschland immer dann Auftrieb erhielten, wenn das Rollenspiel Regierung-Opposition und die klare Konfrontation der Alternativen politischen Handelns im Bundestag nicht deutlich genug zum Ausdruck kamen.

Der Höhepunkt der Einübung des parlamentarischen Spiels war der Regierungswechsel 1969, als zum ersten Mal ein Sozialdemokrat in das Kanzleramt einzog, nachdem wenige Monate zuvor der erste Sozialdemokrat das Amt des Bundespräsidenten übernommen hatte. In diesen Ereignissen liegt die wesentliche Bedeutung des Jahres 1969 für die Geschichte der Demokratie in der Bundesrepublik Deutschland.

Gerade jener Stempel, den Bundeskanzler *Willy Brandt* seiner Regierung für den Neuanfang der Demokratie aufgedrückt hatte – Demokratie als «Organisationsform für die Gesellschaft», als «soziale Demokratie» – taugt am wenigsten, um den Regierungswechsel 1969 als einen tiefen Einschnitt zu kennzeichnen. Zum einen konnte die Regierung *Brandt/Scheel* das Programm, das sie unter dem Banner der «inneren Reformen» ankündigte, nur teilweise verwirklichen. Die Große Koalition hatte mehr und gewichtigere innenpolitische Innovationen ins Werk gesetzt. Zum anderen schloß die Kanzlerschaft *Brandts* mit ihrer praktischen Politik aus heutiger Sicht eher eine Phase in der Geschichte der Bundesrepublik Deutschland ab, als daß sie eine neue einleitete. Die erste sozial-liberale Regierung kann mit ihrer technokratischen Modernisierungs- und Planungseuphorie geradezu als Gipfelpunkt einer Politik gelten, die von Fortschrittsoptimismus und Wachstumsdenken geprägt war.

Auch jene Politikbereiche, die ganz besonders unter dem Begriff der Demokratisierung subsumiert wurden, standen in der Kontinuität politischen Handelns – zumindest der Großen Koalition. Die Sozialpolitik setzte die stetige Ausdehnung des Sozialbudgets fort, und die Ausdehnung der Partizipation in staatlichen und gesellschaftlichen Institutionen bedeutete in erster Linie die weitere Zuweisung von Mitbestimmungsrechten an unterschiedliche Funktionsgruppen nach einer Art Ständeprinzip. Im übrigen konnte sich kein einziger sozial-liberaler Schritt mit den großen innenpolitischen Weichenstellungen der *Adenauer*-Ära messen: mit der gigantischen Vermögensumverteilung durch den Lastenausgleich, mit der paritätischen Mitbestimmung in der Montanindustrie oder mit der großen Rentenreform.

Ein wirklicher Einschnitt in der Geschichte der Bundesrepublik Deutschland erfolgte ein halbes Jahr nach dem Ölschock mit dem Kanzlerwechsel von *Brandt* zu *Schmidt*, auch wenn seine wirtschafts- und finanzpolitischen Auswirkungen nicht so sehr in zukunftsweisende Weichenstellungen der Regierung mündeten, sondern eher in eine kurzatmige Politik der kleinen Behelfe. Eigentlich war es eine Politik des Stillstandes. Das Staatsschiff war immer schwieriger zu steuern. Zum einen zerbrach der Konsens über die

Orientierung der gesellschaftlichen und wirtschaftlichen Entwicklung; ein Bewußtsein wuchs heran, das von Fortschrittsoptimismus und Wachstumsdenken Abstand nahm. Zudem nahm die Sensibilität für die Folgen politischer Entscheidungen zu. Auf der anderen Seite garantierte der trotz aller parteipolitischen Polarisierung im politischen Entscheidungsprozeß dominierende Konsenszwang, daß die beteiligten Gruppen trotz der geringen finanziellen Verteilungsmasse des Staates keine wirklichen sozialen Einbußen hinnehmen mußten, sondern ihre Besitzstände wahrten. Das finanzielle Defizit wurde auf dem Wege der Kreditaufnahme gedeckt.

Dennoch: Aus der Perspektive des politischen Systems wird man feststellen müssen, daß das dichtgeflochtene soziale Netz wesentlich zur Stabilität in den Jahren des größten Wirtschaftseinbruchs in der Geschichte der Bundesrepublik Deutschland beitrug. Das feste soziale Netz erklärt jedoch nicht allein die vor zwei Jahrzehnten kaum erwartete Stabilität des politischen Systems auch in Zeiten der wirtschaftlichen Krise. Hinzu kommt die Entwicklung einer demokratischen politischen Kultur. Der wichtigste Wandel des politischen Systems der Bundesrepublik in der Zeit zwischen dem Ende der *Adenauer*-Ära und dem Kanzlerwechsel 1969 galt nämlich der politischen Kultur. Die immer noch in der Tradition des Obrigkeitsstaates anzusiedelnde stark gouvernementale Ausrichtung politischer Einstellungen und Verhaltensweisen in der *Adenauer*-Ära wurde abgebaut. Das Schwinden von Autoritätsgläubigkeit und die Entstehung neuer Partizipationsformen wie das Engagement in Bürgerinitiativen und unterschiedliche Arten des öffentlichen Protestes verweisen vor allem auf ein neues Freiheitsverständnis, das sowohl partizipatorisch wie auch emanzipatorisch zu interpretieren ist und sich durchaus mit der Elle der älteren westlichen Demokratien messen läßt. Die Bewegung von 1968 und der Regierungsaufbruch von 1969 sind nicht die Ursachen des politischen Kulturwandels, sondern ihr Ergebnis; allerdings verstärkten sie ruckartig den Abbau der alten Bindungen und der Autoritätsakzeptanz.

In der Entstehung einer demokratischen politischen Kultur wird man einen gewichtigen Schritt zur Herausbildung einer eigenen demokratischen Identität der Bundesrepublik Deutschland sehen dürfen. Die Geschichte der westlichen Demokratien zeigt, daß demokratische Identität sich zuallererst auf das Bewußtsein eines Volkes stützt, im Freiheitskampf zur Einheit und Verfaßtheit gefunden zu haben. Ich erinnere an die Zweihundertjahrfeier der Revolutionen in Amerika und in Frankreich. Demokratiegründung und Verfassungsschöpfung in der Bundesrepublik Deutschland fanden nicht unter solchen Vorzeichen statt. Den Deutschen im Westen wurden die Volkssouveränität und trotz aller großartigen Leistungen des Parlamentarischen Rates auch die Verfassung letztlich von den alliierten Siegern geschenkt. Dennoch hat sich im Laufe der Jahrzehnte ein politisches Bewußtsein herausgebildet, das sich auf eigene Leistungen beruft. Die Auseinandersetzung über die praktische Umsetzung der «Angebote» des Grundgesetzes trat nämlich – zugespitzt formuliert – funktional an die Stelle des Freiheitskampfes, der in den westlichen Demokratien der Verfassungsschöpfung vorausgegangen war. Dabei kommt sogar historischen Fehldeutungen und Legenden – wie übrigens auch in den westlichen Demokratien – eine positive Funktion zu: so die Perzeption der 68er-Rebellion als Beginn der Demokratisierung und die These von der «inneren Neugründung» 1969. Auch die Bundesrepublik Deutschland kann auf diese Weise nach 40 Jahren als ein politisches System interpretiert werden, in dem die Bürger selbst sich ein Stück Freiheit eroberten. Und in diesem Prozeß gewann das Grundgesetz, an seiner Spitze der Katalog vorstaatlicher Menschenrechte, eine symbolische Kraft, die es über seinen Rang als System von Rechts- und Verfahrensregeln hinaus geradezu zur Idee des guten Gemeinwesens erhöht – vergleichbar etwa dem Gewicht der amerikanischen Verfassung.

Die Bilanz der vierzigjährigen Demokratiegeschichte der Bundesrepublik Deutschland fällt also positiv aus. Das im Grundgesetz projektierte Demokratie-Modell scheint hervorragend verwirklicht worden zu sein.

Und doch: Allenthalben ist ein gewisses Mißbehagen spürbar. Obgleich derzeit kaum von bedrohlichen tagespolitischen Herausforderungen gesprochen werden kann, die Wirtschaft auf Hochtouren läuft, das Verhältnis zwischen Ost und West angesichts der Veränderungen in der Sowjetunion entspannt ist wie nie zuvor seit dem Ende des Zweiten Weltkrieges – trotz solcher erfreulicher Rahmenbedingungen dominiert bei vielen Bürgern ein Gefühl der Sorge vor der Zukunft. Sicherlich drückt sich darin die Unzufriedenheit mit Defiziten längerfristig angelegter Politik, beispielsweise im ökologischen Bereich, aus. Vor allem aber zeigt eine Analyse der öffentlichen Diskussion, daß auf allen politischen und gesellschaftlichen Handlungsfeldern und Handlungsebenen Orientierung vermißt wird. Themen wie «Politik und Moral», «Wirtschaft und Ethik», «Wissenschaft und Ethik» haben Hochkonjunktur. Individuelles und kollektives Handeln sind auf der Suche nach Wegweisern. Deutlichster Seismograph für das politische Orientierungsdefizit ist seit einem guten Jahrzehnt der Wandel des Parteiensystems: die Desintegration der großen Volksparteien und das Aufblühen neuer Parteien an ihren Rändern.

Diese Entwicklung weist über die konstitutionellen und institutionellen Dimensionen des Regierungssystems hinaus. Es sei der Versuch gewagt, die gegenwärtige Situation durch den Blick auf das Schicksal der zu Beginn der Bundesrepublik anvisierten Wirtschaftsordnung – der Sozialen Marktwirtschaft – zu erhellen. Beinhaltete dieses Projekt doch bekanntlich weit mehr als nur das ökonomische System im engeren Sinne. Es war ein umfassendes Konzept der Interdependenzen von Politik, Gesellschaft und Wirtschaft.

Das Projekt der «Sozialen Marktwirtschaft»

Es ist nicht möglich, an dieser Stelle die komplexen theoretischen Grundlagen der Sozialen Marktwirtschaft von *Walter Eucken* bis *Franz Böhm*, von *Wilhelm Röpke* bis *Alexander Rüstow* und *Alfred Müller-Armack* darzulegen. Dies stünde dem Politikwissenschaftler wegen mangelnder Kompetenz auch nicht zu. Ich will mich auf die Vorstellungen jenes Mannes beschränken, der das Konzept gleichsam gebündelt und publikumswirksam in die Politik einbrachte und mit dessen Namen es in der breiten Öffentlichkeit identifiziert wurde: *Ludwig Erhard*.

Zur Vorbereitung dieses Vortrages habe ich die wichtigsten Schriften und Reden *Erhards* erneut, manche auch zum ersten Mal gelesen. Ich gestehe, daß ich beeindruckt war wie nie zuvor von der Breite und Intensität der Reflexionen, die *Erhard* in den zwei Jahrzehnten seiner politischen Verantwortung anstellte. Was ein Vierteljahrhundert später in der zeitgeschichtlichen Rückschau bleibt, das sind weniger die Argumente, die der kompetente Wirtschaftspolitiker zur Rechtfertigung seiner Tagesentscheidungen entfaltete, sondern vor allem die Umrisse einer politischen Vision. *Rüdiger Altmann* sagte einmal, daß *Erhard* «der einzige Politiker seit Gründung dieses Landes» gewesen sei, «der eine wirkliche Botschaft hatte». Auch wenn dieser Satz *Konrad Adenauers* außenpolitische Vision unterschätzt, die zusammen mit der Westorientierung ja auch eine demokratietheoretische und ordnungspolitische Botschaft enthielt, so gewichtet er *Erhards* Rang doch richtig.

Ludwig Erhard vertrat – in seinen eigenen Worten – eine «ganzheitliche Wirtschaftspolitik». Er sah die Wirtschaft ebeno wie den Staat als Teil eines gesellschaftlichen Ganzen. Sie erschöpft sich nicht im materiellen Erfolg, sondern gewinnt ihren Sinn aus der Zielsetzung der Gesamtordnung, eine «Gesellschaft freier Menschen» zu sein. «Die Sinngebung der Wirtschaft fließt aus dem allumfassenden Lebensbereich eines Volkes und wurzelt damit in letzten, nicht mehr rational erfaßbaren Wertungen». So schrieb *Erhard* etwas pathetisch in seinem 1957 erschienenen Buch «Wohlstand für alle».

Gerade in diesem Kernbereich einer ordnungspolitischen Konzeption mußte *Erhard* herbe Enttäuschungen erleben. Bundespräsident *Walter Scheel* meinte in seiner Ansprache beim Staatsakt zu Ehren des verstorbenen Altbundeskanzlers, daß *Erhard* «zuweilen seinen gewaltigen wirtschaftlichen Erfolg mit dem verwechselt» habe, «was er eigentlich wollte». Ich teile *Scheels* Eindruck nicht. Es gibt genügend Zeugnisse dafür, daß der gefeierte Vater des «deutschen Wirtschaftswunders» daran zweifelte, daß er sein eigentliches Ziel erreicht hatte – so, wenn er *Adenauer* im Neujahrsgruß vom 30. Dezember 1956 schrieb – ich zitiere aus *Daniel Koerfers* Untersuchung «Kampf ums Kanzleramt» (1987): – «... das Gefühl für Würde wird erstickt durch das Verlangen, vor sich selbst und vor der Welt im materiellen Erfolg Bestätigung zu finden. Das sagt der Wirtschaftsminister aus Überzeugung, ja aus innerer Not, und fragt sich dabei immer häufiger, ob seine Politik, die dem Menschen zu immer mehr Wohlstand verhelfen sollte, nicht seine Seele hat Schaden leiden lassen».

Was *Erhard* besonders bedrückte, war der wachsende Einfluß «egoistischer Gruppeninteressen». Er sah einen engen Zusammenhang zwischen «einseitigem materiellem Wohlstandsstreben» und der Interessenbefriedigung von «Gruppen und Verbänden». *Erhard* baute in einer Gesellschaft, deren Klassenstruktur überwunden war, auf den selbstverantwortlichen, seinem Gewissen folgenden Menschen, der als Bürger und Verbraucher das Ganze im Auge hat und sich nicht von «Teilregelungen» und «Teilordnungen» seiner Verantwortung für das Ganze berauben läßt. «Die Zerklüftung und Zerrissenheit einer Gesellschaft wird sich umso stärker ausprägen, je mehr diese in sogenannte Teilordnungen aufgegliedert ist. Der staatliche Dirigismus und Kollektivismus werden umso üppiger gedeihen, je mehr aus diesem Grunde ein Zwang vorliegt, das Getrennte mit künstlichen Mitteln wieder zu einem Ganzen zusammenzufügen». Diese Worte sprach *Erhard* im Bundestag anläßlich der ersten Lesung des «Gesetzes gegen Wettbewerbsbeschränkungen» am 24. März 1955.

In der Mediatisierung und Segmentierung des menschlichen Willens und Gewissens durch Gruppen und Kollektive erkannte *Ludwig Erhard* die Wurzel aller Gefahren, die seiner wirtschaftlichen Ordnung drohten. *Kurt Biedenkopf* hat 1985 in einem Aufsatz über «*Ludwig Erhards* Ringen um eine politische Gesamtordnung» diese Zusammenhänge aufgezeigt. *Erhard* befürchtete den drohenden Verlust einer vernünftigen Einsicht in das wirtschaftlich Mögliche und, daraus entspringend, das Aufkommen des kollektiven Versorgungsstaates als Folge einer ständigen Ausweitung sozialer Leistungen.

In immer neuen Anläufen warnte *Erhard* vor Fehlentscheidungen und Fehlentwicklungen. In den letzten Jahren der *Adenauer*-Ära wollte er zusammen mit seinem Mitarbeiter *Alfred Müller-Armack* gar eine neue Phase der «Weiterentwicklung unserer Wirtschaftsordnung» einleiten, die gesellschaftspolitisch geprägt sein sollte. In einem eindringlichen Grundsatzreferat auf dem Bundesparteitag der CDU 1960 fragte er nach Möglichkeiten, gesellschaftliche Bedingungen zu schaffen, die den einzelnen Menschen stärken und ihm das Gefühl der Isolierung nehmen, aus dem heraus er sich in «Gruppen und Verbände» flüchtet. «In der geistig labiler gewordenen Situation der von mir skizzierten sogenannten ‹klassenlosen Gesellschaft› wird es also des Einbaus gesellschaftlicher Stabilisatoren bedürfen, die geeignet sind, dem in die Vereinzelung gedrängten Menschen unserer Zeit das Bewußtsein, ja sogar die objektive Sicherung seines Seins in einer ganzheitlichen gesellschaftlichen Ordnung zu geben». *Erhard* gab eine Reihe gesellschaftspolitischer Anstöße zur – wie er es nannte – «inneren Integration unserer Gesellschaft» u.a. in den Bereichen der Bildungspolitik und der Stellung des Arbeitnehmers im Betrieb. Er deutete damit jene Richtung an, die einige Jahre später die sozial-liberale Koalition mit ihrer Politik der «inneren Reformen» ging. Als Bundeskanzler griff *Erhard* dann mit dem Konzept der «Formierten Gesellschaft» diese Ideen abermals auf. Mit einer «gesellschaftlichen Strukturpolitik» wollte er eine «gesellschaftliche Ordnung... setzen, die den einzelnen Staatsbürger – wo immer er steht – gegenüber der organisierten Macht frei und unabhängig sein läßt».

Man hat – gerade auf seiten der Anhänger der Sozialen Marktwirtschaft – in *Erhards* gesellschaftspolitischen Anstößen vielfach eine Systemwidrigkeit gesehen: die Abkehr von einer einheitlichen Wirtschafts- und Sozialpolitik, in der die Sozialpolitik zuallererst eine Funktion der Wirtschaftsordnung darstellt. Soweit *Erhards* Motive und Ziele zur Diskussion stehen, trifft die Kritik allerdings ins Leere; denn *Erhard* ging es immer und überall um die Stärkung des einzelnen Menschen, der in seiner politischen Philosophie den Rang des «citoyen» – mit *Rousseau* gesprochen – einnahm. Im übrigen ließ er sozialpolitisch keinen Zweifel daran, daß mit der Verbesserung der «materiellen Lebensgrundlage» von immer mehr Menschen diesen ein «höheres Maß an Selbsthilfe zugemutet werden kann». «Im Zuge einer solchen Entwicklung können dann die echten Fälle der Hilfsbedürftigkeit großzügig und menschenwürdig behandelt werden.»

So erfolgreich *Erhard* mit seiner marktwirtschaftlichen Weichenstellung und dem Wiederaufbau gewesen war, mit seinen weiterreichenden Vorstellungen stieß er an Grenzen, auch in seiner eigenen Partei. *Kurt Biedenkopf* bemerkt in der Rückschau: «Die CDU feiert den Mann, dessen wirtschaftspolitische Erfolge ihr die Regierungsmehrheiten gesichert hatten. Den Zugang zu seinen ordnungspolitischen Vorstellungen von einer ‹Gesellschaft des dynamischen Gleichgewichts› fand sie nicht». Und dies nicht erst während seiner Kanzlerschaft, sondern schon in der *Adenauer*-Ära, wie die «Verwässerung» des Kartellgesetzes und der ständige Kleinkrieg des Wirtschaftsministers mit *Konrad Adenauer* über den Einfluß der Verbände auf die Regierungpolitik zeigen.

Ganz unschuldig am Schicksal seiner umfassenden Vision war *Ludwig Erhard* nicht. Im Gegensatz zur Harmonie, die er sichtbar verkörperte und ausstrahlte, waren seine Vorstellungen nicht widerspruchsfrei. So wie sein unterentwickeltes Verhältnis zur Macht der Idee des «Volkskanzlers» im Wege stand, enthielt auch sein ordnungspolitisches Konzept Spannungen, zumindest aber gab es Anlaß zu Mißverständnissen.

Erhard hat – wie *Rüdiger Altmann* einmal feststellte – «immer in den alten Kategorien von Staat und Gesellschaft gedacht». Dabei werden unterschiedliche Wurzeln sichtbar. Der Blick auf ein Gesellschaftsverständnis, das von Parteiungen und intermediären Kräften wenig hält, auf das einzelne Individuum baut und die Gesellschaft gerne mit dem Begriff des «Organischen» zu erfassen sucht, erinnert an das altliberale Denken, auch wenn *Erhard* den «Nachtwächterstaat» verabschiedet hatte. Die Notwendigkeit des starken Staates allerdings, verbunden mit dem Antiparteien- und Antiverbände-Affekt, scheint eher deutsche Vorbelastungen politischen Denkens heraufzubeschwören: Konfliktscheu, Antiparlamentarismus und

Antipluralismus, Gemeinschaftsduselei und Gemeinwohlideologie zur Verbrämung partikularer Interessen.

Aus heutiger Perspektive erweist sich eine andere Spannung des *Erhardschen* Denkens als besonders relevant: der Gegensatz zwischen dem fast unbegrenzten Vertrauen in die Steuerungsmöglichkeiten des Staates und dem Wissen, daß das «wirtschaftliche Schicksal» wesentlich vom «Verhalten der Menschen» – von ihren «Hoffnungen, Befürchtungen, von Vertrauen oder Zweifeln in die Zukunft» – bestimmt wird. Letzteres schrieb *Erhard* im Vorwort seiner 1962 erschienenen Sammlung von Reden und Aufsätzen. Derselbe Band enthält deutliche Aussagen über die Verantwortung und Leistungskraft des Staates. So erklärte der Wirtschaftsminister auf der Mitgliederversammlung des BDI im Jahre 1954: «Nach meiner festen Überzeugung trägt im 20. Jahrhundert, im sozialen Klima von heute, die Verantwortung für die Wirtschaft – und das bedeutet gleichzeitig: auch für das wirtschaftliche Schicksal aller in ihr tätigen Menschen – allein der Staat». Noch deutlicher wurde er 1960 vor dem Bundesparteitag der CDU, als er die «Konjunkturpolitik» zum «legitimen Bestandteil unserer Gesellschaftspolitik» erklärte und die «wirtschaftliche und soziale Entwicklung der letzten zwölf Jahre» als Bestätigung dafür ansah, «daß das Gespenst der Arbeitslosigkeit als wirksam und endgültig verbannt angesehen werden darf». Der Glaube an das vernünftige Verhalten des einzelnen Menschen kann *Erhards* Vertrauen in die staatliche Leistungsfähigkeit nicht ganz erklären, denn in der zitierten Rede zweifelte er ja an der Widerstandsfähigkeit des einzelnen gegenüber den kollektiven Versuchungen der modernen Massengesellschaft und sucht nach «gesellschaftlichen Stabilisatoren».

Es war kein Wunder, daß die erste wirtschaftliche Rezession seit dem Wiederaufbau den auch von *Erhard* genährten Glauben an die umfassende wirtschaftliche Zuständigkeit und Leistungskraft des Staates in besonderem Maße herausforderte: zunächt in der Großen Koalition und dann in der sozial-liberalen Regierung *Brandt/ Scheel*. Die Jahre von 1966 bis 1974 sahen den Triumph und das

Scheitern einer Politik, die sich der Wirksamkeit staatlicher Konjunktursteuerung sicher wähnte.

In dieser Zeit gewöhnte man sich daran, die Wirtschaft fast nur noch als Handlungsfeld der Politik zu betrachten. Das Denken in Ordnungskategorien, in Interdependenz-Beziehungen, wurde weitgehend verabschiedet. Wovor *Erhard* in den fünfziger Jahren so eindringlich gewarnt hatte, und was er damals schon dem «Zeitgeist» angelastet hatte, wurde Wirklichkeit: «Teilregelungen» wucherten, die «das Gefüge der umfassenden Ordnung spreng(t)en» und eng verwoben waren mit «Gruppeninteressen und Sonderwünschen». Diese ließen beispielsweise nach Überwindung der Rezession die Fortsetzung der antizyklischen Politik nicht zu. Die ökonomische und die politische Rationalität strebten auseinander. Die Politik der «inneren Reformen» betrachtete die Wirtschaft in erster Linie als Finanzquelle staatlichen Handelns und machte sich zugleich Illusionen über das Volumen dieser Quelle, da sie voll auf die Instrumente der Globalsteuerung vertraute. Ein besonders schönes Beispiel dafür liefert der erste Entwurf des SPD-Langzeitprogramms vom Juni 1972, der in einer Kommission unter dem Vorsitz von *Helmut Schmidt* erarbeitet worden war und von dessen Stellvertreter *Hans Apel* als besonders illusionslos bezeichnet wurde. Der Entwurf forderte die «schrittweise Steigerung» des «Anteils der Staatsverwendung am Bruttosozialprodukt» von 27,9 Prozent 1970 auf 34 Prozent bis 1985. Für die Umschichtung wollte man den wirtschaftlichen Zuwachs verwenden. Dabei nahm man – im Einklang mit den Prognosen der meisten Forschungsinstitute – eine wirtschaftliche Wachstumsrate von vier bis sechs Prozent mit besonders «günstigen Perspektiven» für den Zeitraum von 1975 bis 1985 an.

Angesichts solcher Erwartungen erstaunt es nicht, daß die Sozialpolitiker aus vollen Töpfen schöpfen durften. Die Sozialpolitik wurde wie andere Politikfelder aus ihrer funktionalen Einbettung in die Wirtschaftsordnung herausgelöst.

Mit dem Wirtschaftseinbruch 1974 begann die Problematik dieser Entwicklung durchaus in das öffentliche Bewußtsein zu treten. Aber die großen Volksparteien erwiesen sich als unfähig zur strukturellen Korrektur. Bundeskanzler *Helmut Schmidt* verfügte nicht über sehr viel Bewegungsfreiheit, bildeten seine Hausmacht doch in erster Linie die Gewerkschaften, der wichtigste sozialpolitische Interessenverband. Und auch die Union, die die Expansion der Sozialausgaben in den fetten Jahren mitgetragen hatte und manchmal sogar noch zulegen wollte, sah ihre Mehrheitsfähigkeit durch eine sozialpolitische Beschneidungspolitik bedroht. Theoretisch allerdings nahm sie unter der Federführung ihres Generalsekretärs *Kurt Biedenkopf* mit der Thematik der «Neuen Sozialen Frage» einen ordnungspolitischen Anlauf, der die Prinzipien der Sozialen Marktwirtschaft im Sinne *Ludwig Erhards* erneuern sollte. Spätestens in dem 1978 verabschiedeten Grundsatzprogramm erwies sich jedoch, daß es bei der Theorie blieb. Die «Neue Soziale Frage» war ein theoretischer Formelkompromiß, der kaum öffentliche Wirksamkeit auslöste und in der Praxis keinen neuen ordnungspolitischen Pfad eröffnete, sondern in die eingefahrenen sozialpolitischen Rinnen einmündete. Die «Wende» des Jahres 1982 änderte daran nicht allzuviel. Trotz Sparmaßnahmen und Haushaltskonsolidierung fand kein ordnungspolitischer Neubeginn statt. Die Besitzstände wurden weiterhin in ihrer Substanz gewahrt. Das Ausmaß der Staatsaktivitäten wurde nicht wesentlich reduziert.

Gemessen an den Zielen des politischen Vaters der Sozialen Marktwirtschaft, *Ludwig Erhard*, fällt also die Bilanz der vierzigjährigen Geschichte der Bundesrepublik verhaltener aus als die Bewertung der im ersten Teil des Referats vorgetragenen Entwicklung des politischen Systems im engeren Sinne. Trotz des wirtschaftlichen Erfolges, nicht zuletzt auch seit dem Regierungswechsel von 1982, bleiben zentrale Fragen an die Zukunft offen. Die wichtigste gilt dem Bürger, insbesondere dem Verhältnis von sozialstaatlicher Sicherung und Eigenverantwortlichkeit des einzelnen. Der Bürger wird letztlich darüber entscheiden, welche Ansprüche an den Staat gestellt werden; er wird damit teilweise auch über die Leistungsfähigkeit des Staates entscheiden und letztlich darüber, ob er die staatlichen Leistungen akzeptiert oder nicht, d.h. ob er das politische System legitimiert.

Angesichts der äußeren Herausforderungen, vor allem im Bereich der Ökologie, bleibt also die Frage virulent, ob das Grundgesetz auch weiterhin gesellschaftliche und kulturelle Bedingungen vorfindet, die es nicht selbst regelt, die es aber erst mit Leben erfüllen.

Seit der Mitte der siebziger Jahre leben wir offensichtlich in einer Übergangsphase, in einer Phase des Suchens nach einem neuen Konzept für die Gesellschaft der Zukunft. Über die Notwendigkeit eines solchen Konzeptes besteht wahrscheinlich sogar Konsens trotz aller normativen Unterschiede und Interessenkonflikte. Die gemeinsame Sorge gilt der Rolle des Staates. Anhänger wie Gegner des Wohlfahrtsstaates sind der Ansicht, daß die staatliche Steuerungsfähigkeit zu wünschen übrig läßt. Mit Modellen aus der ökonomischen Demokratietheorie, der System-, Organisations- und Entscheidungstheorie wird nach Ursachen und Therapievorschlägen gefahndet. Im Zentrum solcher Überlegungen stehen stimmenmaximierende Parteien und Politiker, vernetzte hochorganisierte gesellschaftliche Teilsysteme und Verteilungskoalitionen organisierter Interessen. Die Ergebnisse divergieren. Die einen halten den Staat in seiner jetzigen Aufgabenfülle schlicht für überfordert und empfehlen seinen Rückzug. Andere weigern sich, den Staat zu entlasten und suchen nach wirksameren Instrumenten staatlicher Steuerung. Bislang freilich sind sie kaum über den vagen Vorschlag hinausgelangt, auf Strukturen der Kooperation zwischen dem politisch-administrativ verstandenen Staat und gesellschaftlichen Handlungsträgern, sprich: Verbänden, zu setzen.

Zu welchem Ergebnis man auch immer kommt, in jedem Falle stellt sich die Frage nach der politischen Durchsetzung der Änderungsvorschläge. Vollzieht sich deren Verwirklichung doch nach denselben Mechanismen, die für den kritisierten Zustand verantwortlich sind, sei es etwa die Spirale der Konkurrenzdemokratie, sei es die Dominanz bestimmter Verteilungskoalitionen. Aus der Perspektive der Praxis ist also eher Resignation angezeigt.

Als Akteure des Wandels sind in jedem Falle die politischen Parteien gefordert. Damit komme ich zum Schlußabschnitt meiner Ausführungen.

Politische Führung durch die Parteien

Es ist unbestritten, daß die Bewegung im Parteiensystem der Bundesrepublik Deutschland zwar nicht eine Krise des politischen Systems, aber doch eine Krise der großen Volksparteien anzeigt. Eine gängige und einleuchtende Erklärung dieses Prozesses verweist auf den gesellschaftlichen Wandel. Stichworte sind Individualisierung und Pluralisierung der Lebensstile. Die alten sozial-moralischen Milieus schmelzen ab, und damit schwindet die Stammwählerschaft der großen Parteien. Es wächst der Anteil von Wählern, die ihre Wahlentscheidung von Mal zu Mal treffen nach ihren jeweiligen Interessen und Stimmungen. Die fluktuierenden Wähler sprechen häufig auf Themen an, die zu den Vorstellungen der Stammwählerschaft in Spannung stehen. Um mehrheitsfähig zu sein, sind die großen Parteien auf die Wähler modernen Zuschnitts angewiesen. Gleichzeitig müssen sie jedoch nach wie vor die alten sozial-moralischen Milieus in ihrer Politik und in ihren Programmen zum Ausdruck bringen. Die Aufgabe gleicht oft der Quadratur des Kreises. Die Sprengkraft der inneren Spannungen führt zu neuen Parteibildungen.

Sozialwissenschaftler haben schon seit längerer Zeit darauf aufmerksam gemacht, daß die Schwächung der alten sozial-moralischen Milieus und die Abnahme ihrer Bindekraft die Parteien vor ganz neue Herausforderungen stellen. Sie müssen mehr als früher «für ihre konkreten politischen Programme die sie legitimierenden sozial-moralischen Leitideen selbst herausarbeiten» (*Lepsius*). Weniger als jemals zuvor können sie sich darauf beschränken, als politische «Aktionsausschüsse» ihrer sozial-moralischen Milieus zu wirken, sie müssen eigenständige Ideen für die Neuordnung der Zukunft entwickeln.

Politische Führung also erweist sich heute als nötiger denn je. Zugleich ist sie weit schwieriger geworden. Nicht nur die Milieus und ihre Bindekraft gingen zurück, auch das von den äußeren Rahmenbedingungen deutscher Politik gesetzte Koordinatensystem hat sich bekanntlich gewandelt und erzeugt Orientierungsverluste. Die Führungs- und Integrationskraft eines Kanzlers *Adenauer* wurde erleichtert durch den Ost-West-Konflikt, der ja nicht nur eine außenpolitische, sondern ebenso sehr eine gesellschaftspolitische Konfrontation beinhaltete. Die Parteien – vor allem die Unionsparteien – gewannen einen guten Teil ihrer Zugkraft aus der Negation. Dies galt bis in die siebziger Jahre hinein.

Heute dagegen sind die Parteien gezwungen, selbst Wegweiser aufzustellen statt in einem bestehenden Netz von Wegweisern die Richtung anzugeben. Den großen Volksparteien wird gar nichts anderes übrigbleiben, als diese Herausforderung anzunehmen, wenn sie nicht ihre weitere Aufsplitterung riskieren wollen. Über die Addition kleinlicher tagespolitischer Interessen kann eine Volkspartei nicht integriert werden; es bedarf der übergreifenden Botschaft, die dem Bürger Einzelinteressen auf dem Hintergrund größerer Aufgaben und weiterer Perspektiven als sekundär erscheinen läßt.

Eine solche Botschaft kann allerdings nicht Inhalt einer Richtlinie eines Bundeskanzlers oder Parteivorsitzenden sein. Sie muß in intensiver Kommunikation mit der «aktiven Öffentlichkeit» entwickelt werden, aber unter Anleitung und Führung der Parteien. Es bedarf dabei keiner besonderen Phantasie, sich vorzustellen, daß eine Zukunftsvision nur erfolgreich sein wird, wenn sie drei Ecksteine kennt:

Der erste ist die Moral. Alles Handeln, das gesellschaftliche Folgen zeitigt, unterliegt zunehmend einem öffentlichen Begründungs- und Rechtfertigungszwang. *Hermann Lübbe* hat zu Recht darauf hingewiesen, daß der Trend zum politischen Moralismus wesentlich in der Überforderung der Menschen durch die Komplexität des modernen Lebenszusammenhangs wurzelt. Die durch Lebenserfahrung bewährte Urteilskraft reiche nicht mehr aus, die Bedingungen unserer physischen und sozialen Existenz zu erfassen. Mit dem scharfen Schwert guter Gesinnung werde der verheddert Knoten moderner zivilisatorischer Lebensrealität durchhauen. Moral impliziert auch die persönliche Integrität des Handelnden, des Experten wie des Politikers. Denn in einer so komplizierten Welt läßt sich nur leben durch Vertrauen, das erworben sein will durch die persönliche Lebensführung, das berufliche Verhalten u.a.m.

Der zweite Eckstein einer politischen Vision wird eine ausgeprägte gesamtgesellschaftliche und ganzheitliche Sicht der unterschiedlichen Lebensbereiche sein. Eine solche Konzeption hat zwei Pole: einmal den einzelnen Menschen als Bürger, bei dem die Fäden aller funktionalen Teilsysteme der Gesellschaft wieder zusammenlaufen, und zum anderen die Gesamtgesellschaft, die der Bürger als Einheit empfinden muß.

Der dritte Eckstein jeder Zukunftsvision schließlich ist die Globalisierung und Universalisierung ihrer Ziele.

Die drei Themen nehmen den Kern dessen auf, was die gewachsene demokratische Identität der Bundesrepublik Deutschland – ihre Orientierung an der Verfassung, insbesondere an den Menschenrechten – ausmacht. Ordnungspolitisch können sie durchaus an die Vision der Gründungsväter der Sozialen Marktwirtschaft anknüpfen. Es gilt nur, – so wie *Otto Schlecht* 1982 in der Evangelischen Akademie – die sozial-ethischen Grundlagen unserer Wirtschaftsordnung in Erinnerung zu rufen.

Vielleicht sind manche Bedingungen heute der Durchsetzung von *Ludwig Erhards* Vorstellungen sogar günstiger als in der Zeit seines Wirkens. So schrumpft mit der Individualisierung und Differenzierung der Gesellschaft ja nicht nur die Bindekraft der Parteien, sondern auch die der Verbände. Mir scheint, daß die Parteien ihre sich durchaus ergebende Chance noch gar nicht bemerkt haben. Zumindest haben sie sie noch nicht ergriffen. Die Parteien sollten mehr Mut aufbringen, über die Verbandssprecher hinweg um die Verbandsmitglieder zu werben. Stattdessen schaffen die Parteistrategen sich zusätzliche, sogar nichtorganisierte Interessengruppen, indem sie ihre Wählerschaft wahlsoziologisch auseinanderdividieren und sie dann wahltaktisch wiederum addieren. Ich wage die These, daß die Parteien mehr als in der Zeit ihrer starken Milieugebundenheit heute die Chance besitzen, um Mehrheiten – nicht um Mehrheiten auf der Ebene der Interessengruppen, sondern der Bürger – zu kämpfen. Es wäre im Sinne *Ludwig Erhards*, dessen Botschaft so aktuell ist wie ehedem.

Diskussion

Soziale Marktwirtschaft als demokratische Wirtschaftsordnungspolitik

Marktwirtschaftliche Alternativen – Alternativen zur Marktwirtschaft?

Die ökologische Herausforderung

Die Zukunft der Sozialen Marktwirtschaft

Leitung	Peter Gillies
Teilnehmer	Rainer Funke
	Béla Harmatzy-Simon
	Florian J. Hoffmann
	Wolfgang Jäger
	Detlev Jansen
	Wolfgang Roth
	Otto Schlecht
	Eckhard Stratmann
	Erich Streissler
	Matthias Wissmann

(*Peter Gillies*) Meine sehr verehrten Damen und Herren! Ich hoffe, daß Sie durch die beiden Vorträge herzhaft verunsichert sind. Das wäre jedenfalls eine gute Basis für eine lebhafte Diskussion, für deren Flüssigkeit ich zuständig bin. Flüssig etwa nach dem Motto der co op-Handelsgruppe, die, wie Sie wissen, ja in Schwierigkeiten ist: Man sei flüssig, aber nicht überflüssig. Und so ähnlich verstehe ich mich auch.

Den Referenten bin ich dankbar, daß sie, wie ich mich vorher vergewissert habe, jeder Versuchung zu Korreferaten widerstehen werden. Bei Ihnen, meine Damen und Herren, würden wir uns freuen, wenn Beifalls- bzw. Mißfallenskundgebungen der einen oder anderen Art laut hörbar gemacht werden.

Soziale Marktwirtschaft als demokratische Wirtschaftsordnungspolitik

(*Peter Gillies*) Dem Veranstalter hat es gefallen, das Begriffspaar «Soziale Marktwirtschaft» und «Parlamentarische Demokratie» beziehungslos additiv nebeneinander zu stellen. Er hat also sorgsam eine Verknüpfung beider Begriffe vermieden. Wir wollen diesen schweren Mangel heilen und die beiden Begriffe in eine Ordnung zu bringen versuchen.

Deswegen und auch wegen der Lebendigkeit der Debatte zuerst eine Frage an Herrn *Stratmann*. Sind die beiden Begriffe «Soziale Marktwirtschaft» oder auch «Marktwirtschaft» und «Demokratie» Koppelprodukte, sind sie Antagonismen, stehen sie in einem wie auch immer gearteten «Bratkartoffelverhältnis», sage ich mal etwas flapsig? Wie sehen Sie die Begriffe?

(*Eckhard Stratmann*) Spontan möchte ich sagen: Das Bild «Bratkartoffelverhältnis», das wünsche ich mir.

Wenn wir nach dem Verhältnis von kapitalistischer Unternehmerwirtschaft und parlamentarischer Demokratie fragen und uns die aktuellste Entwicklung in diesem Spannungsverhältnis anschauen – Daimler Benz/MBB-Fusion –, kann man sagen, daß diese Art der

Konzentration der Wirtschaft ein Wesenselement von Marktwirtschaften ist. Die Konzentration ist das Wesenselement von kapitalistischen Wettbewerbswirtschaften; eine immanente Tendenz trotz Kartellrecht.

Diese Art von Konzentration und Vermachtung der Ökonomie führt dazu, daß selbst der Präsident des Bundeskartellamtes schon 1985 vor solchen Konzernen gewarnt hat wie Daimler-Benz/MBB oder auch Deutsche Bank. Herr *Kartte* sagte: Diese Konzerne sind eine Gefahr für die demokratische Verfassung, weil sie «nicht mehr regierbar sind, sondern selbst die Regierung übernehmen.» Das heißt, diese kapitalistischen, nicht nur vor-, sondern auch antidemokratischen Unternehmensformen üben eine Macht auf die in ihnen abhängig Beschäftigten – das sind Hunderttausende –, auf die Kommunen, in denen die Unternehmen tätig sind, auf die Länder, in denen diese Unternehmen angesiedelt sind, aus, daß dagegen die Macht der parlamentarisch gewählten Organe gering wird.

(*Wolfgang Roth*) Mit meinem Vorredner bin ich völlig einverstanden: Wenn Vermachtungsprozesse und -tendenzen mit so lässigen staatlichen Begründungen weiter begleitet werden – das ist ein Angriff auf Herrn *Wissmann* –, wie das in den letzten Wochen bei der Daimler-Benz/MBB-Fusion geschehen ist – (*Rainer Funke*: Ihre Parteifreunde in Hamburg sind sehr für die Fusion von Daimler-Benz und MBB; *Wolfgang Roth*: Es war ein Fehler, daß sie dafür sind!), – dann wird das Reden über Marktwirtschaft im Sinne von Wettbewerbswirtschaft eine hohle Phrase in der Bundesrepublik Deutschland. Und das höhlt sich vom praktischen Handeln des Staates her aus, weil keiner mehr daran glaubt, weil faktisch anders gehandelt wird, wenn Macht den Staat bedrängt.

Exakt da ist auch die Verbindung zur politischen Demokratie. Die politische Demokratie ist ja vor allem dafür verantwortlich, daß der Ordnungsrahmen stimmt und daß der Ordnungsrahmen dann ständig auch in der Auseinandersetzung geistig-politisch erneuert wird. Diese geistig-politische Erneuerung findet vielfältig statt.

(*Otto Schlecht*) Ich rede nicht über Daimler-Benz/MBB. Vielleicht nur das eine Wort von *Ludwig Erhard*: In der konkreten Politik muß man ab und zu auch mal sündigen können, man muß nur wissen, daß man sündigt.

(*Peter Gillies*) Sie hören, daß sich der Beifall in Grenzen hält über die letzte Bemerkung.

(*Wolfgang Roth*) Was mich überhaupt nicht freut, ist, daß Herr *Schlecht* sich jetzt beim Daimler-Benz/MBB-Fall gegen sein eigenes Gewissen freiwillig in die innere Emigration begeben hat.

(*Peter Gillies*) Herr *Schlecht*, Sie sind in einer Zeitung einmal als «Herr des flexiblen Grundsatzes» bezeichnet worden. Sie sollten darauf auch antworten. Ich meine, ernsthaft gesprochen, zum Problem der Fusion.

(*Otto Schlecht*) Ich glaube, es hat nun wirklich keinen Zweck, daß wir heute nachmittag nur zu Daimler-Benz/MBB etwas sagen. Wenn ich trotzdem drei Dinge sagen darf:

Erstens sollten wir dabei nicht vergessen: Der Kern dieser Geschichte war, den hoffnungslos subventionierten Airbus, von dem niemand wieder weg will, der ein europäisches Projekt ist, aus einem Subventionsfaß ohne Boden möglichst schnell in eine rentable und effiziente industrielle Führung zu bringen. Ich glaube, dies ist auch ein ordnungspolitischer Erfolg, den man nicht kleinschreiben soll.

Zweitens: Das Problem unserer Wettbewerbsordnung war nie Größe an sich, sondern immer Marktbeherrschung in relevanten Märkten. Und natürlich ist auch im Bereich der Luft- und Raumfahrt heute der Weltmarkt der relevante Markt. Der Airbus konkurriert mit Boeing und mit Douglas. Hier gibt es überhaupt kein Wettbewerbsproblem.

Das Problem ist, daß Daimler-Benz in seiner jetzigen konglomeraten Struktur daneben auch noch in ein paar Rüstungsmärkten tätig ist, die noch nicht genügend europäisiert sind, sondern wo zum Teil noch national vergeben wird. Hier müssen wir zunächst die Europäisierung auch der Rüstungsmärkte, soweit wir sie noch brauchen, voranbringen, damit die Marktbeherrschung abgebaut wird. Und mit einigen Auflagen haben wir die Sache ja auch mindestens gemildert.

Der entscheidende Punkt ist drittens: Wir haben die Privatisierung, die Herauslösung jedenfalls des Bundes deutlich vorgezogen, damit hier ab Mitte der neunziger Jahre nun wirklich effizient private industrielle Führung laufen kann. Ich glaube, das sollte man ordnungspolitisch nicht kleinschreiben; bei allem ordnungspolitischen und gesellschaftspolitischen Unbehagen, das man dabei haben muß. Und das habe ich ja auch gehabt. Meine flapsige Bemerkung mit dem Zitat von *Ludwig Erhard* hat das auch hinreichend deutlich gemacht.

Die staatlich gestaltete Wettbewerbsordnung als Entmachtungsinstrument, um mit *Franz Böhm* zu sprechen, ist natürlich das Kern-Element des Sozialen.

(*Eckhard Stratmann*) Schauen wir uns doch mal die Soziale Marktwirtschaft unter sozialen Gesichtspunkten an. Daß wir eine der reichsten Marktwirtschaften auf der Welt haben, wissen wir. Nur, sie ist so sozial, daß wir seit 15 Jahren einen Dauerbetriebsunfall mit einer bis zwei Millionen Massenerwerbslosen haben, 3,3 Millionen Sozialhilfeempfänger – die neueste Zahl vom DIW – und daß wir über die Verschuldungsfalle unseren Reichtum durch eine Verarmung und Ausbeutung in der Dritten Welt produzieren. Das führt dort zu Hungersnöten und Hungeraufständen. Das weiß doch jeder; das können Sie nicht verschweigen.

Es geht um Solidarität und insbesondere um internationale Solidarität. Die Bundesrepublik Deutschland ist Netto-Kapitalimporteur, trotz Entwicklungshilfe. Nehmen wir das Beispiel Polen: mit 40 Milliarden Dollar verschuldet. Nehmen wir das Beispiel Brasilien: mit über 100 Milliarden Dollar verschuldet. Von dieser Verschuldung profitiert nicht nur, aber unter anderem die Bundesrepublik. Die Schuldnerländer werden gezwungen, um die Devisen, um Exporterlöse zu erwirtschaften, dies auf Kosten der Umwelt zu tun. Das haben wir jetzt in Polen in Gesprächen mit Industriedirektoren wieder erfahren. Das weiß ich aus Brasilien.

Deswegen heißt internationale Solidarität, daß wir auf einen Teil unseres Reichtums verzichten, zum Beispiel durch Schuldenerlaß, um die Länder der Dritten Welt oder Länder wie Polen von ihrer drückenden Schuldenlast zu entlasten und in deren Ländern erst einmal eine ökologische Wirtschaftsweise zu ermöglichen.

Es ist unbestritten, wir haben eine reiche Marktwirtschaft, aber sie ist nicht im entferntesten sozial. In großen Teilen funktioniert sie asozial.

(*Rainer Funke*) Ich glaube, wir können mit dem, was wir hier erreicht haben, auch auf dem Sektor, sehr zufrieden sein. Ich weiß, daß es da in einzelnen Bereichen Mißverhältnisse gegeben hat und auch nach wie vor gibt und geben wird. Das wird man auch nicht vermeiden können. Denn die Wettbewerbswirtschaft ist sicherlich ein harter Ausleseprozeß. Aber wir brauchen ihn auch international. Wenn wir diese Wettbewerbspolitik nicht betreiben würden, würden wir auch international sehr schnell abrutschen.

Auf diese Weise müssen wir mit unserem Reichtum das soziale Netz mit finanzieren. Auch die Länder, zum Beispiel das Land Hamburg, geben inzwischen schon 12 Prozent des Haushalts für Fürsorgemaßnahmen aus. Das ist sehr viel. Wir hoffen, daß wir das durch eine bessere Konjunktur auch wieder etwas reparieren können.

In einem bestimmten Umfang ist die Wettbewerbswirtschaft eine sehr harte Angelegenheit, besonders für die schwächeren Teile der Bevölkerung, die häufiger ausgegrenzt werden. Aber wir haben ein soziales Netz geschaffen, durch das diese Teile der Bevölkerung eben nicht fallen.

(*Peter Gillies*) Herr *Wissmann*, es klang so, als sei die CDU – ich sage mal, die Unionsparteien – überhaupt nicht von Selbstzweifeln geplagt bei Begriffen – und jetzt nehme ich zwei Begriffe auf – wie Solidarität und Gleichheit bei dem Thema Marktwirtschaft und Demokratie. Das bereitete Ihnen doch gewisse Schwierigkeiten?

(*Matthias Wissmann*) Natürlich hat sich dieser Bogen, wenn Sie die Geschichte der CDU nehmen und bis in die Gegenwart gehen, in der Volkspartei CDU immer gespannt. Das Ahlener Programm war für viele Ausdruck ihres Verständnisses von katholischer Soziallehre und evangelischer Sozialethik.

Die Düsseldorfer Leitsätze der CDU haben dann versucht, den ordoliberalen Ansatz zusammenzubringen mit den Ergebnissen der päpstlichen Sozialenzykliken und den christlich-sozialen Vorstellungen und haben dann auch die marktwirtschaftliche Konzeption entscheidend mitgeprägt. Und heute ist diese Spannung in einer Volkspartei, die beide Elemente miteinander verbindet, natürlich in jeder großen Frage spürbar.

Wenn ich beispielsweise die Sozialausschüsse der CDU nehme, mit denen ich auch oft um Marktwirtschaft zu ringen habe: Heute, anders als zu Zeiten des Ahlener Programms, ist der Arbeitnehmerflügel der Union im Kern marktwirtschaftlich gesonnen. Auch wenn man über Lösungen streiten mag, ein *Norbert Blüm* kann mit Sicherheit nicht verdächtigt werden, per se der Marktwirtschaft abhold zu sein. Das ist im Vergleich zu dem, was in der Gründerzeit der CDU einmal auch an christlichem Sozialismus innerhalb der CDU diskutiert wurde, ein großer Fortschritt. Natürlich haben wir diesen Spannungsbogen und kämpfen und sündigen auch. Aber das Prinzip Soziale Marktwirtschaft ist in der Volkspartei CDU nicht mehr so umstritten wie in vergleichbaren großen christlich geprägten Volksparteien Europas oder Lateinamerikas, wo das christlich-sozialistische Element viel stärker ist, als es in der CDU je gewesen ist.

Das empfinde ich als einen Fortschritt. Und da war sicher *Ludwig Erhard* die prägende Figur, die mit dem Erfolg seiner Konzeption, aber auch mit der ordnungspolitischen Überlegung, auf die Herr *Jäger* hier hingewiesen hat, die CDU mehr durchdrungen hat, als viele Skeptiker meinen.

(*Wolfgang Roth*) Eine kritische Bemerkung zu Herrn *Streissler*, aber auch in Richtung auf Herrn Professor *Jäger*. Was mich bekümmert, ist, daß das rein Negative bei Ihnen – leider auch schon bei *Erhard* – gegenüber Verbänden und sozialen Konflikten und Initiativen immer wieder durchklingt. Sie haben für mich eigentlich positiv und kritisch gesagt: *Erhards* Problem war sein Harmoniedenken. Das, finde ich, ist genau der Punkt, daß man zwischen Markt und Staat noch eine andere, gesellschaftliche Ebene akzeptiert: Mein Gott, Bürgerinitiativen und störrische Verbände haben im Raum zwischen Markt und wirtschaftlichem Geschehen einerseits und staatlichen Entscheidungen parlamentarischer Demokratie andererseits ihre Funktion gerade dadurch, daß sie Ärger machen und Konflikte verursachen. Das gilt nicht zuletzt durch Mittelstandsverbände zur Zeit, die zum Glück die Wettbewerbsfahne noch flattern lassen, oder Bürgerinitiativen in ökologischer Richtung.

Dieser Zwischenbereich muß als Teil unserer gesellschaftlichen Ordnung zwischen Marktwirtschaft und parlamentarischer Demokratie anerkannt werden. Da ist sehr viel mehr los, als wir eigentlich zugeben.

(*Wolfgang Jäger*) Damit kein Mißverständnis entsteht, Herr *Roth*: Wir unterscheiden uns hier überhaupt nicht. Ich habe selbst auf die Gefahr der Gemeinschaftsduselei hingewiesen.

Nur, der Einfluß und die Mitwirkung der Verbände bei der staatlichen Willensbildung sind natürlich auch zu hinterfragen. Wir brauchen uns ja nicht darüber zu unterhalten, daß die einen Verbände mehr Macht haben als die anderen Verbände, und daß es in unserer Gesellschaft Interessen gibt, die gar nicht organisiert werden können, die also anderweitig durchgesetzt werden müssen. Das sind alles Probleme in diesem Zusammenhang.

(*Wolfgang Roth*) Was mich im Referat von Herrn *Streissler* überrascht hat, war die dogmatische Überforderung der Idee des Unternehmers und des konkurrierenden Unternehmers, ohne daß auch nur ein Wort gesagt wurde über Rahmenbedingungen und ordnungspolitische Grundlagen, auf denen das ganze funktionieren kann.

Ich glaube, die eigentliche Leistung von *Ludwig Erhard*, die auch in meiner Partei lange verkannt wurde, lag ja gerade darin, daß er die ordnungspolitischen Voraussetzungen der Marktwirtschaft auch als staatliche Aufgabe definiert hat. Bei *Müller-Armack* ist das theoretisch noch klarer, noch eindeutiger als bei *Erhard*.

(*Otto Schlecht*) Wir brauchen zwar auch ein Minimum an individueller Moral für das Funktionieren der Marktwirtschaft. Aber man kann das, was wir ökonomisch das Setzen von staatlichen Rahmenbedingungen nennen, sozialethisch das Einimpfen der Sozialethik in die reine Marktwirtschaft nennen. Nur dann wird sie eine Soziale Marktwirtschaft.

Ich kann überhaupt nichts mit der Vorstellung anfangen, Herr *Streissler*, das sei ein Kompromiß. Nein, es ist eine integrale Synthese, einerseits die Vorteile des dezentralen Wirtschaftens für optimale Produktion und Verteilung zu nutzen, dies andererseits durch staatliche Rahmensetzungen so zu kanalisieren, daß der Marktprozeß nicht in Widerspruch gerät zu sozialen Zielen und zur Freiheit anderer.

(*Wolfgang Roth*) Unter heutigen Bedingungen bin ich einverstanden, daß man Marktwirtschaft nicht als ausschließlichen Begriff nimmt, aber ich würde überhaupt nicht den Begriff Unternehmerwirtschaft nehmen, weil das wirklich nur einen Teil der Wirtschaft repräsentiert. Ich würde vielmehr, wenn ich zur Ordnungspolitik sprechen müßte, unter heutigen Bedingungen vor allem über Wettbewerbswirtschaft und über soziale Wettbewerbswirtschaft reden. Und genau da sehe ich Gefährdung, sogar drastische Gefahren.

(*Erich Streissler*) Wettbewerb ist sicherlich das zentrale Bindeglied zwischen Marktwirtschaft und Demokratie. Persönlich bin ich jedoch – und da bin ich typisch kein Deutscher – sehr skeptisch, wieweit Wettbewerb staatlich herbeiführbar ist. Natürlich versucht man, das zu tun. Aber inwieweit das möglich ist, darüber kann man starke Zweifel haben.

Daher habe ich nicht über den Ordnungsrahmen der Marktwirtschaft gesprochen, wie mir der Herr Abgeordnete *Roth* mit Recht vorwirft. Eine Marktwirtschaft hat immer einen Ordnungsrahmen. Aber er muß nicht ein staatlicher sein. Die Vorstellung, daß dieser hauptsächlich staatlich zu setzen ist, ist wieder eine typisch deutsche Vorstellung.

(*Otto Schlecht*) Ich will generell sagen: Die Gefahren für die Funktionsfähigkeit der marktwirtschaftlichen Ordnung, auch der sozial ausgeprägten, und damit auch für demokratische pluralistische Entscheidungsprozesse kommen heute ja nicht frontal, sondern sie kommen national und europäisch auf leisen Sohlen. Überall ein bißchen zu viel Intervention. Jeder, der für eine Intervention ist, meint, die schadet der Marktwirtschaft ja nicht.

Und die Voraussetzung für den künftigen Erfolg der Marktwirtschaft und auch der parlamentarisch-rechtsstaatlichen Entscheidungsprozesse ist in der Tat, immer wieder den Mut zu haben zur Zurückhaltung bei Interventionen in die wirtschaftlichen Abläufe. Als Mitspieler wird der Staat immer mehr in die Verteilungskonflikte hineingezogen und zum Spielball von Partikularinteressen. Er kann seine Schutz- und Schiedsrichterfunktionen nicht mehr wahrnehmen. Er kann seine Gestaltungsfunktion für Wettbewerb und für Bewahrung individueller Freiheit nicht mehr aufrechterhalten.

(*Matthias Wissmann*) Auch in den eigenen Reihen – das sage ich selbstkritisch, das sage ich auch in meine eigene Partei hinein – sind wir viel zu kleingläubig, wenn es um die Zurückdrängung ständiger staatlicher Bevormundungsversuche geht.

Natürlich sind wir einen Schritt vorangekommen. Der Staatsanteil am Bruttosozialprodukt lag 1982 bei 49,8 Prozent. Er liegt nach Angaben des Ifo-Instituts am Ende des Jahres 1989 bei 45,5. Das ist ein Erfolg, aber es geht nicht zügig genug voran. Wir müssen als Marktwirtschaftler in allen Parteien selbstbewußter auftreten und uns entschiedener gegen die Politik des «Gutgemeinten» wenden, die am Ende gar nicht so gut für die Betroffenen ist.

(*Peter Gillies*) Das sind aber immer noch 10 Prozent mehr als im Orientierungsrahmen der SPD von 1972, wie wir vorhin gehört haben.

(*Matthias Wissmann*) Dabei darf man nicht vergessen, Herr *Gillies*: Die wirklichen Zahlen – ich nehme wiederum Ifo – lauten folgendermaßen: 1969 hat *Kiesinger* die Regierung abgegeben mit 38 Prozent Staatsanteil am Bruttosozialprodukt. 1982 haben wir übernommen mit 49,8 Prozent und gegenwärtig liegen wir nach derselben Berechnung, wiederum Ifo, bei 45,5 Prozent. Das zeigt: Wir sind noch lange nicht so weit, wie wir sein müssen, um mehr Freiheit und mehr Gestaltungsmöglichkeiten zu eröffnen, aber wir sind einen Schritt vorangekommen.

(*Peter Gillies*) Herr *Funke*, Herr *Wissmann* hat das Geständnis gemacht, er und seine Parteifreunde seien kleingläubig gewesen. Sie auch?

(*Rainer Funke*) Nein, ich glaube, wir haben doch mehr die reine Lehre verfolgt. Ich glaube, wir sind in der Tat die ganze Zeit über immer Marktwirtschaftler gewesen. Wir haben nicht die absolute Mehrheit, das wissen Sie.

(*Peter Gillies*) Aber manchmal schaut es so aus!

(*Rainer Funke*) Das ist auch ganz gut so. Aber ich will es mal an einem Beispiel deutlich machen, wo wir uns mit den Marktwirtschaftlern in der CDU nicht gegen die staatlich orientierten Wirtschaftler in der CDU haben durchsetzen können.

Die Postreform ist so ein Beispiel. Wir sind da nur kleine Schritte vorangekommen, Herr *Wissmann*; wir haben ja miteinander darüber gesprochen. Wir hätten uns viel mehr Markt, viel mehr Wettbewerb gewünscht. Dieses war aus vielerlei Gründen, aber auch deswegen nicht möglich, weil viele antimarktwirtschaftliche Kräfte bei dem Koalitionspartner, zum Beispiel die gewerkschaftlich organisierten Mitglieder in der CDU, eine wettbewerbsorientierte Postreform nicht gewollt haben.

(*Matthias Wissmann*) Wir sind einen großen Schritt vorangekommen, Herr *Funke*!

(*Rainer Funke*) Also, ob das ein großer oder ein kleiner Schritt ist, darüber gibt es unterschiedliche Meinungen. Wir sind der Meinung, daß es ein Schritt gewesen ist, aber kein großer Schritt, und daß wir auch daran noch weiter arbeiten müssen. Denn vom hinreichenden Wettbewerb im Postbereich kann man – wenigstens zur Zeit – nicht sprechen.

(*Otto Schlecht*) Das Besinnen des Staates auf den Kern seiner Aufgabe, auf die Grenzen der Machbarkeit auch ökonomischer Prozesse ist Voraussetzung und Ausdruck für Unabhängigkeit und

Stärke des Ordnungssystems sowohl im politischen als auch im wirtschaftlichen Bereich.

Ich glaube, Herr *Jäger* hat vorhin gesagt, wir hätten auch 1982 keinen ordnungspolitischen Neubeginn gehabt. Ich möchte das insofern abschwächen, als wir vielleicht da und dort auf halbem Wege steckengeblieben sind und noch viel zu tun ist bei der Rückführung des Staatsanteils – Herr *Wissmann* hat gerade davon gesprochen – und der Steuerentlastung, bei der Deregulierung, bei der Privatisierung, beim Offenhalten der Märkte.

(*Theodor Benecke*) Im allgemeinen mag das Prinzip der Zurückhaltung des Staates seine Gültigkeit haben. Anders liegen die Dinge jedoch bei der vorausschauenden Planung neuer Felder der Wirtschaft, insbesondere auf den Gebieten der Naturwissenschaften und der Technik. In den meisten Fällen wird nur der Staat in der Lage sein, die Initiative zu ergreifen und die Mittel bereitzustellen, um die Entwicklung neuer Arbeitsgebiete zu ermöglichen. Beispiel: Die Airbusfamilie, dasselbe gilt für die Kernenergie.

(*Peter Gillies*) Herr *Stratmann*, Herr *Wissmann* hat gestanden, er habe Sünden wider den ordnungspolitischen Geist begangen. Nun will ich ja keine Sittenstrenge im Hafenviertel predigen, aber Sie noch einmal fragen: Sehen Sie die bürokratische Bedrohung, von der Herr *Streissler* sprach, nicht auch? Die Bedrohung durch verkrustete Bürokratie, das sehen Sie doch auch?

(*Eckhard Stratmann*) Der suggestive Unterton Ihrer letzten Teilfrage gefällt mir nicht. Wir haben sicherlich auf der proklamatorischen Ebene einen Konsens, daß wir, wenn wir eine auch ökologisch effektive Wirtschaft wollen, antibürokratisch sein müssen. Allerdings, wenn wir schon über Bürokratie reden, dann werden wir feststellen müssen, daß wir nicht nur eine staatliche Bürokratie haben, sondern wir haben mindestens im gleichen Umfang wie die staatliche Bürokratie eine Bürokratie in den großen Konzernen.

(*Peter Gillies*) Die werden aber nicht durch Steuermittel finanziert!

(*Eckhard Stratmann*) Das ist doch völlig egal. Es kommt darauf an, unter welchem Aspekt man das diskutiert. Aber letztlich werden auch die Bürokratien von Konzernen durch die Preise, die die Konsumentin und der Konsument aufbringen, natürlich finanziert. Also letztlich ist es immer derselbe Personenkreis, der finanziert. Die Frage ist nur: auf welchem Umwege?

Aber selbst in großen Konzernen haben Sie Bürokratie. Deswegen ist ja auch bei großen Konzernen die Dezentralisierung angesagt. Sie wird ja im Rahmen von Konzernstrukturen durchgeführt, weil die Konzerne die Gefahr, gerade bei multilateralen Konzernen, ihrer eigenen Bürokratien zunehmend erkennen und auch die Ineffektivität von Konzernbürokratien.

Ich bin nur der Meinung: Unter dem Stichwort «Antibürokratie» haben wir Konsens; aber wir dürfen nicht nur einäugig auf den Staat schielen, sondern ebenfalls auf die privat geführten Konzerne. Und ob es sich um verstaatlichte Konzerne handelt, spielt in dem Fall überhaupt keine Rolle.

(*Otto Schlecht*) Es gab eine lange Diskussion, ob eigentlich Marktwirtschaft, Soziale Marktwirtschaft in unserem Grundgesetz steht oder nicht. Natürlich steht die Soziale Marktwirtschaft in der konkreten Ausgestaltung so nicht im Grundgesetz. Aber das Grundgesetz setzt Rahmen, jedenfalls schließt es staatsgelenkte Zwangswirtschaft ebenso aus wie reine Laisser-faire-Marktwirtschaft.

Herr *Jäger* hat ja gesagt, daß wir das im Grundgesetz projizierte Demokratiemodell zugrunde legen. Das gibt durchaus Raum für Wettbewerb um die beste marktwirtschaftliche Ordnung von rechts und von links. Dies hat *Franz Böhm* 1956 mit Blick auf Godesberg I einmal gesagt. Und wenn ich *Wolfgang Roth* richtig verstehe, dann habe ich gewisse Hoffnung, daß man bei Godesberg II jedenfalls auch noch von konkreter Ausgestaltung der Sozialen Marktwirtschaft sprechen kann.

Wesentliche konstituierende Prinzipien einer marktwirtschaftlichen Ordnung sind identisch mit dem Schutz der individuellen Rechte unserer Verfassung, der im Grundgesetz projizierten rechtsstaatlichen Demokratie – nämlich freie Konsumwahl, Vertrags- und Koalitionsfreiheit, freie Berufs- und Arbeitsplatzwahl, Eigentumsgarantie, allerdings mit Sozialbindung.

Marktwirtschaftliche Alternativen – Alternativen zur Marktwirtschaft?

(*Eckhard Stratmann*) Anders als im Referat von Herrn *Streissler* suggeriert, muß man, wenn man von Marktwirtschaft spricht, zwischen unterschiedlichen Ausprägungen der Marktwirtschaft differenzieren. Das, was bei uns Soziale Marktwirtschaft heißt, ist ein anderer Begriff für kapitalistische Marktwirtschaft. Und es gibt unter Reformtheoretikern und Reformpraktikern in Polen, in der Tschechoslowakei und in Ungarn mehrere namhafte Männer, weniger Frauen, die das Konzept einer sozialistischen Marktwirtschaft, also der Kombination von Sozialismus und Marktwirtschaft, entwickeln. Der bekannteste davon ist *Ota Šik*, der praktisch-politisch nach der Prager Invasion im August 1968 gescheitert ist. Damit ist aber nicht dieses Konzept gescheitert.

Ich möchte auf diese notwendige Differenzierung hinweisen, damit wir nicht in den Fehler verfallen, immer nur von Marktwirtschaft zu reden und damit unterschwellig kapitalistische Marktwirtschaft meinen.

Ich hoffe, daß das, was in Polen und Ungarn jetzt weit fortgeschritten ist, demnächst auch in der DDR Platz greift, nicht nur mit demokratischen Reformen in der DDR, sondern auch mit der Einführung von marktwirtschaftlichen Elementen in die DDR-Ökonomie, daß die Mauer fällt und damit die Schilder «Sie verlassen den demokratischen Sektor», die heute an der Mauer westlicherseits aufgestellt sind, wegfallen.

(*Otto Schlecht*) Ich bin überzeugt, daß menschliche Freiheit nach allen Seiten hin prinzipiell unteilbar ist. Jedenfalls gilt dies für die abendländische Tradition in Europa und für industrielle Massengesellschaften.

Herr *Streissler*, das mag in früheren Monarchien anders gewesen sein. Es gibt auch instabile Mischformen in heutigen Diktaturen und umgekehrt; das ist wohl richtig. Ich bleibe dabei: Es ist undenkbar, jedenfalls in unserer abendländischen Welt, daß Menschen, die politisch unmündig und jeder Alternative beraubt sind, tagtäglich im Wettbewerb sich selbstverantwortlich bewegen und Entscheidungen treffen können. Und umgekehrt gilt natürlich dasselbe in anderer Richtung.

(*Erich Streissler*) Als Historiker habe ich versucht, über das real Existierende zu sprechen. Soziale Marktwirtschaft war, als *Erhard* sie vorgeschlagen hat, als Wirtschaftssystem keineswegs ganz neu. Ich habe übrigens die allerhöchste Achtung vor *Erhard*. Die hervorragende Idee, eine Währungsreform mit der Einführung der Marktwirtschaft zu verbinden, ist das, was in den meisten sozialistischen Wirtschaften heutzutage eben fehlt und dort die Probleme schafft.

Aber ich habe, wie gesagt, über das historisch Existierende gesprochen und daher habe ich nicht über sozialistische Marktwirtschaften gesprochen. Die mögen ein Konzept sein; aber sie haben historisch nie existiert. Ich bin sehr skeptisch, ob es sie geben kann. Ich bin als Liberaler erzogen worden, Angst zu haben vor träumerischen Politikern.

(*Eckhard Stratmann*) In der vorletzten Woche war ich in Polen und habe dort unter anderem mit Herrn *Baka* gesprochen, ZK-Sekretär der sozialistischen Regierungspartei PVAP, jetzt nach der Kabinettsneubildung ist er wieder Präsident der polnischen Nationalbank geworden. Er sagte uns im Gespräch über Wirtschaftsfragen Polens: Wir, die Polen, brauchen einen zweiten *Ludwig Erhard*. Das sagt Herr *Baka*. Damit Sie mich hier nicht mißverstehen, möchte ich sagen, daß ich ihm zum Teil zustimmen konnte.

Der Ruf nach einem zweiten *Ludwig Erhard*, der sowohl in der PVAP, also der ehemaligen Regierungspartei, als auch im Bürgerkomitee «Solidarnosc» weit verbreitet ist, hat insoweit seine Berechtigung, als der realsozialistische zentralplanungswirtschaftliche Versuch, Wirtschaft und Gesellschaft zu steuern, grundlegend gescheitert ist – nicht nur in Polen, sondern überall, wo er zur Anwendung kam – und auch diskreditiert. Ich bin froh, daß er so diskreditiert ist.

Die Folgerung daraus kann nur sein, daß man bei Wirtschaftsreformen in dem noch realsozialistischen System ganz erheblich marktwirtschaftliche Steuerungselemente einbaut und zur Geltung bringt.

Das ist auch Auffassung der Grünen in der Bundesrepublik Deutschland.

(*Matthias Wissmann*) Ich meine, daß uns in den letzten Jahren die Entwicklungen in China, in der Sowjetunion und in Ungarn mehr als jede theoretische Erörterung gezeigt haben, daß letztlich Marktwirtschaft und parlamentarische Demokratie einander bedingen. Um es zugespitzt zu sagen – und das sagen einem auch die Wirtschaftswissenschaftler vor Ort: In China wird der marktwirtschaftliche Ansatz scheitern, wenn es nicht auch zu einer breiten politischen Partizipation kommt. Und in der Sowjetunion wird die politische Partizipation, die mit «Glasnost» umschrieben ist, scheitern, wenn der marktwirtschaftliche Dezentralisierungsprozeß nicht endlich vorankommt.

Insofern lernen wir aus diesem historischen Umbruch, daß, in welcher Richtung auch immer, am Ende ohne eine starke politische Beteiligung des Bürgers – genannt Demokratie – und ohne eine breite Dezentralisierung und Wettbewerbswirtschaft – genannt Marktwirtschaft – auf Dauer Probleme der Wirtschaft genausowenig gelöst werden können wie Probleme der Teilhabe des Bürgers.

(*Rainer Funke*) Wir sind mit unserer Marktwirtschaft zu einem der reichsten Länder der Welt geworden. Wir haben mit unserer Marktwirtschaft – darauf hat Herr *Wissmann* zu Recht hingewiesen – sozusagen einen Exportschlager in Europa kreiert. Die Marktwirtschaft ist sicher auch ein Anziehungspunkt für die Ostblockstaaten gewesen, daß es zu diesen Umänderungen in Polen und in Ungarn gekommen ist.

(*Peter Gillies*) Aber dieser Exportartikel steht zu Hause, wenn Sie diese Bemerkung gestatten, nicht in allerbestem Ansehen.

(*Rainer Funke*) Ja, wir neigen als Deutsche häufig dazu, unsere eigenen Dinge herunterzureden und schauen immer auf die Dinge in anderen Ländern.

(*Eckhard Stratmann*) Ich bin allerdings der Meinung, daß die Schilder in Berlin «Sie verlassen den demokratischen Sektor», indem sie dort abgebaut werden, nicht ihre Funktion verlieren. Diese Schilder müssen vielmehr aufbewahrt und an andere Orte transportiert werden und an jedem Werkstor eines kapitalistischen Unternehmens angebracht werden. Denn jede und jeder abhängig Beschäftigte, der morgens oder zur Mittags- oder zur Nachtschicht das Werksgelände betritt, verläßt damit den demokratischen Sektor der Bundesrepublik Deutschland.

Das freie Unternehmertum – trotz Mitbestimmung, trotz Montanmitbestimmung – ist frei – das hat der erste Referent, Herr *Streissler*, auch sehr deutlich ausgeführt – nur im Interesse des Unternehmers oder des Kapitalismus. Und wie der Ihnen allen bekannte Fall der Stillegung des Kruppwerkes Rheinhausen zeigt – also selbst bei Montanmitbestimmung –, sind sowohl die gewählten Betriebsräte als auch die Kommunalpolitiker als auch die gewählten Landespolitiker nicht im entferntesten in der Lage, das Diktat der Kapitalseite oder des sogenannten freien Unternehmertums zu verhindern. Wir haben es im Unternehmenssektor kapitalistischer Marktwirtschaft mit antidemokratischen Verhältnissen zu tun.

(*Peter Gillies*) Würden Sie auch so weit gehen, Herr *Roth*, Herrn *Stratmann* zuzustimmen, der ja sagt – ich verkürze etwas: Marktwirtschaftliche Wirklichkeit ist heute antidemokratisch?

(*Wolfgang Roth*) Ach Gott, wir haben vom Betriebsverfassungsgesetz bis zur paritätischen Mitbestimmung, bis zur Mitbestimmung 1976, bis zu starken Betriebsräten so unendlich viele Gegengewichte in den letzten hundert Jahren Sozialgeschichte zum Glück durchgesetzt, daß ich das für Unfug halte, etwas derartiges zu behaupten.

Ich halte auch die These «Am Fabriktor hört die Demokratie auf» so nicht mehr für zutreffend. Es gibt vielfältige soziale Konflikte, die auch von Betriebsräten ausgelöst und durchgestanden werden aufgrund der rechtlichen Voraussetzungen, die wir zum Glück durchgekämpft haben.

Daß wir nach meiner Meinung noch mehr soziale Rechte im Bereich der Arbeitnehmerrechte brauchen, ist ganz selbstverständlich. Aber daß das eine Diktatur in den Betrieben heute sei, halte ich für einen absoluten Unfug. Ich meine, das ist auch eine gewaltige Verzeichnung der Wirklichkeit. Kein Arbeitnehmer würde diesen Unfug auch nur glauben.

Sehen Sie, Herr *Stratmann*, Sie haben den Fall Rheinhausen angezogen. In Rheinhausen gab es dramatische soziale Auswirkungen für die Betroffenen. Aber wir dürfen doch nicht darum herumreden, daß nicht nur in Polen, sondern auch bei uns in der Volkswirtschaft strukturelle Erneuerungsprozesse notwendig sind – die man sicher sozial abfedern muß, aber die eben auch dazu führen, daß bestimmte Unternehmen und Unternehmensbereiche in der Volkswirtschaft absterben und neue kommen werden.

Ich weiß, was Sie in Rheinhausen getrieben haben, wie Sie dort die Leute in die alte Struktur emotional hineingetrieben haben, statt zu sagen: Wir brauchen gerade im Ruhrgebiet eine neue ökonomische und damit soziale Struktur. Das ist exakt der Unterschied, der uns auszeichnet. Ich muß sagen, wir Sozialdemokraten – auch nicht immer alle in einer derartigen Situation – müssen da mithelfen, auch durch soziale Politik, durch soziale Demokratie, die bei Herrn *Streissler* nur negativ vorgekommen ist, den Erneuerungsprozeß zu unterstützen versuchen. Das trennt uns an der Stelle.

(*Peter Gillies*) Eine kurze Erwiderung, Herr *Stratmann*, auf den Vorwurf Rheinhausen.

(*Eckhard Stratmann*) Was Herr *Roth* mir eben unterstellt hat, ist die reine Unwahrheit und nichts als die reine Unwahrheit. Seit 1980 beschäftige ich mich mit Stahlpolitik, weil ich aus dem Ruhrgebiet komme. Seit 1980, ausgehend damals von dem Konflikt um Hoesch, wo die Belegschaften ein neues Stahlwerk forderten, sage ich: Ein neues Stahlwerk steigert nur die Überkapazitäten. Ihr müßt auf andere Produktionen umstrukturieren. Wir brauchen langfristig weniger Stahl. Insbesondere wenn wir eine ökologische Industriepolitik machen, weniger Auto fahren, weniger Panzer bauen, dann brauchen wir auch weniger Stahl. Das sage ich persönlich und das sagen die Grünen seit 1980. Das haben wir auch im Rheinhausen-Konflikt gesagt. Das ist alles nachlesbar auf den Flugblättern, auch in den Reden im Bundestag.

Das hat Herr *Roth* alles von mir gehört. Er sagt aber jetzt das Gegenteil. Herr *Roth*, also ich habe dazu gar keine Worte.

(*Wolfgang Roth*) Herr *Gillies*, nur einen Satz. Hoesch ist ja das beste Beispiel, daß es Quatsch ist, von absoluter Herrschaft im Betrieb zu reden. Der Hoesch-Vorstandsvorsitzende *Rohwedder*, der Arbeitsdirektor und alle haben diesen Umstrukturierungsprozeß im Rahmen eines sozialen Konsenses der Erneuerung zustande gebracht, und zwar in einer Situation, in der der Hoesch-Konzern in einem harten Wettbewerb stand. Exakt der Fall Hoesch zeigt, daß es anders geht und daß es in der Bundesrepublik Deutschland auch anders praktiziert wird.

(*Matthias Wissmann*) Ungarn ist ein gutes Beispiel, Herr *Stratmann*, das gegen Ihre Vorstellungen spricht, Demokratie müsse auch in den Betrieben praktiziert werden. In Ungarn hat man in den Zeiten *Kadars* – ich erinnere nur daran – folgendes gemacht: Man hat einerseits begonnen, den Betrieben mehr dezentrale Entscheidungsrechte zu geben, aber andererseits gleichzeitig in den Betrieben den Mitarbeitern oder ihren Vertretungen ein weitgehendes Mitentscheidungsrecht über Investitionen eingeräumt. Die Folge war, daß am Ende praktisch überhaupt nichts mehr entschieden wurde und das System fast genauso ineffizient geblieben ist, wie es zuvor war. Und dazu muß man nicht nur deutsche Beobachter fragen, da muß man nach Ungarn reisen und mit denen reden, die diese Rechte angeblicher Mitbestimmung oder Selbstverwaltung über Bord werfen, weil sie wissen, daß sie auf Dauer eine wirkliche Marktwirtschaft verhindern.

(*Peter Gillies*) Hat die CDU das auch schon vor *Gorbatschow* gewußt? Wenn ja, warum hat sie es geheimgehalten?

(*Matthias Wissmann*) Ich nehme das gern auf, weil ich auch glaube, daß die Marktwirtschaftler innerhalb und außerhalb der CDU mit ihrer Überzeugung von Marktwirtschaft im Lande weltweit viel zu defensiv sind und daß wir den gegenwärtig stattfindenden Siegeszug von Marktwirtschaft und Demokratie eigentlich überhaupt nicht überzeugend genug vertreten.

(*Detlev Jansen*) Mich stört an der gesamten Diskussion heute ein wenig, daß sie auf Großunternehmen verengt ist, zugespitzt auf Daimler-Benz und Messerschmitt-Bölkow-Blohm. Die tragende Säule des Mittelstandes ist hier überhaupt nicht erwähnt worden. Mir fehlt die Perspektive, die vom Mittelstand her für eine Soziale Marktwirtschaft kommt, in der die Ökologie eine stärkere Basis findet.

Herr *Stratmann* sprach von der Demokratie, die in Großunternehmen nicht vorhanden sei. Meine konkrete Frage: Wie sieht es denn aus seiner Sicht mit der Demokratie in mittelständischen und kleinen Unternehmen aus? Dazu müßte man dann auch etwas sagen.

(*Eckhard Stratmann*) In Mittel- und Kleinunternehmen sieht es mit der Demokratie noch viel schlimmer als in Großunternehmen aus.

(*Peter Gillies*) Das habe ich befürchtet!

(*Eckhard Stratmann*) Als mittleres Unternehmen gilt statistisch ein Unternehmen mit 500 Beschäftigten. Da wird Herr *Roth* mir zustimmen. Gerade bei kleinen und Kleinstunternehmen gibt es nicht einmal Betriebsräte. Selbst wo es nach dem Betriebsverfassungsgesetz möglich ist, wird es oft durch den Druck der Unternehmer verhindert.

(*Florian J. Hoffmann*) Gott sei Dank!

(*Eckhard Stratmann*) Das ist Realität. – Da sagen Sie «Gott sei Dank» und behaupten gleichzeitig, Sie hätten eine Soziale Marktwirtschaft. Trotzdem, um posititv auf Ihre Frage zu antworten: Auch nach grüner Vorstellung brauchen wir einen stabilen unternehmerischen Mittelstand – das ist völlig klar –, weil er dezentraler und damit auch effektiver und auch marktbeweglicher arbeiten kann als Großkonzerne. Allerdings, was die Demokratieseite anbetrifft, muß auch die Mitbestimmung der Belegschaften in kleinen und mittleren mittelständischen Unternehmen ausgebaut werden. Aber wir brauchen ganz entschieden einen starken, ökologisch orientierten, sozial verantwortlichen Mittelstand.

(*Peter Gillies*) Zu einer Gegenrede hat sich Herr *Wissmann* gemeldet.

(*Matthias Wissmann*) Ich will diesen Punkt nur als Beispiel nehmen:

Herr *Stratmann*, die Worte «Marktwirtschaft», «Ökologie», «dezentral» und «antibürokratisch» gehen Ihnen allen locker über die Lippen. Aber wenn man fragt, wie es am Ende denn praktisch aussieht, dann sagen Sie doch im Kern, auch für das mittelständische Unternehmen: Die Entscheidung über Investitionen im mittelständischen Unternehmen soll, genauso wie im Großunternehmen, durch Abstimmung unter der Belegschaft getroffen werden. Der Unternehmer soll durch die Belegschaft gewählt werden, haben Sie vorhin selbst gesagt.

Und da sage ich Ihnen: Dann wird es am Ende eine marktwirtschaftliche Ordnung, die auf Unternehmerinitiative aufbaut, durch die Praxis Ihres Konzepts nicht mehr geben. Dann klingen die Worte unheimlich schön, aber, wie in Ungarn und Jugoslawien bewiesen, sie werden in der Praxis konterkariert. Darauf muß man aufpassen, weil sich inzwischen niemand mehr traut, offen gegen das Konzept der Marktwirtschaft anzugehen.

Ich sitze in einer Ost-West-Kommission mit 20 Wirtschaftswissenschaftlern und Wirtschaftspraktikern; zehn sind Marxisten-Leninisten und zehn kommen aus unserem westlichen Denken.

(*Peter Gillies*)... und sind Kreditgeber, wollten Sie sagen!

(*Matthias Wissmann*) Das Interessante ist: Heute argumentiert keiner mehr gegen den Grundgedanken der Marktwirtschaft. Aber immer, wenn es konkret wird, dann wird vieles von dem in der Praxis konterkariert, was man vorher als Plakat vor sich her getragen hat. So genau ist es auch bei den Grünen.

(*Eckhard Stratmann*) Da ich persönlich und wir Grünen entschiedene Anhänger einer radikalen Demokratie sind, und zwar nicht nur im politischen Raum, sind wir insofern vehemente Verfechter der parlamentarischen Demokratie. Wir wollen allerdings ihre Funktionsdefizite – eines davon habe ich gerade angesprochen – aufheben durch direktere demokratische Elemente wie Volksbegehren und Volksentscheid im politischen Raum. Und wir wollen die parlamentarische Demokratie durch den Aufbau einer gesellschaftlichen Demokratie unterfüttern – das heißt bei dem Thema, das wir heute diskutieren, durch den Aufbau von Demokratie in der Wirtschaft.

Das heißt, wir brauchen den Ausbau der Mitbestimmung, wie wir sie heute bei uns haben. Sie ist ein brauchbarer Ansatz, um Demokratie bei uns einzuführen, aber ein völlig unvollständiges und unvollkommenes Instrument. Wir brauchen den Ausbau der Unternehmensmitbestimmung, der betrieblichen Mitbestimmung und der regionalen Mitbestimmung hin zu einer Wirtschaftsdemokratie.

(*Otto Schlecht*) Wenn Herrn *Stratmanns* Ordnungsphilosophie einmal eine absolute Mehrheit bekommen sollte, was Gott sei Dank nie eintreten wird, dann landen wir allerdings – trotz seiner guten Absichten und von ihm nicht gewollt – schnurstracks in der Räterepublik und dann bleibt nicht bloß die Marktwirtschaft auf der Strecke, sondern auch die rechtsstaatliche parlamentarische Demokratie.

(*Eckhard Stratmann*) Was Sie eben sagten, Herr *Schlecht*, unsere ökologische Wirtschaftsdemokratie sei die Einführung der Rätedemokratie, die Abschaffung der parlamentarischen Demokratie und deswegen undemokratisch, das ging, finde ich, unter die Gürtellinie.

(*Peter Gillies*) Die Gürtellinie hat damit nichts zu tun, Herr *Stratmann*.

(*Eckhard Stratmann*) Die Freiheit des Individuums ist unteilbar. Demokratie ist unteilbar. Deswegen sage ich: Wir müssen eine effektive Wirtschaft, und zwar eine marktwirtschaftlich strukturierte Wirtschaft, so aufbauen und die bestehende so umbauen, daß auch im Arbeitsprozeß, im Produktionsprozeß die Freiheit des Individuums – und das ist die Freiheit von 27 Millionen abhängig Beschäftigten – zum Tragen kommt.

Das kann man machen. Man kann ein Großunternehmen so effektiv und demokratisch ausgestalten, z.B. die Unternehmensmitbestimmung derart ausbauen, daß sich die Belegschaft ihr Management wählt. Das ist übrigens unter *Gorbatschow* neues Betriebsgesetz in der Sowjetunion; bisher allerdings nur auf dem Papier, es besteht ein riesiges Vollzugsdefizit. Aber immerhin! Die Belegschaft wählt ihre Unternehmensführung. Aber diese Unternehmensführung ist ein hochqualifiziertes Management. Und dieses Management agiert im Rahmen der Vorgaben, die ihm die Belegschaftsversammlung gemacht hat. Die Belegschaftsversammlung tritt an die Stelle von Aktionärsversammlungen bei uns. (Zuruf: Jugoslawien!) Ja, Jugoslawien hat völlig versagt, klar. Die Funktionsdefizite von Jugoslawien können wir gerne ausführlich diskutieren.

(*Peter Gillies*) Herr *Stratmann*, es gibt hier am Podium und im Plenum gar keinen Streit, daß es viele gescheiterte Modelle gibt. Nennen Sie doch einfach mal ein gelungenes.

(*Eckhard Stratmann*) Also, wenn sie dem *Ludwig Erhard* 1947 gesagt hätten, nennen Sie mir doch ein gelungenes Beispiel für das, was Sie Soziale Marktwirtschaft nennen, hätte er genauso geantwortet, wie ich Ihnen jetzt antworten werde. Der Nachweis, daß es eine gute Zukunft noch nicht gibt, ist kein Argument gegen die Zukunft, sondern höchstens ein Argument dafür, heute mit der Gestaltung dieser Zukunft anzufangen.

(*Wolfgang Jäger*) Ich möchte die These meines Referats nicht wiederholen, aber als Politologe doch kurz auf den Demokratiebegriff eingehen. Herr *Stratmann* sprach von der radikalen Demokratie und brachte das dann auch irgendwie in Zusammenhang mit der parlamentarischen Demokratie. Ganz habe ich das nicht verstanden; ich stehe hier vor definitorischen Schwierigkeiten.

Radikale Demokratie – ich beziehe mich hier auf das amerikanische Zitat von Herrn *Streissler* – als Regierung des Volkes kann wohl nicht gemeint sein. Denn Sie wissen selbst aus Ihren leidvollen Erfahrungen innerhalb der Grünen Partei, solches ist nicht einmal mit dem Parteivolk möglich. Es muß jemand da sein, der den Willen des Volkes organisiert, und damit werden natürlich Herrschaftsverhältnisse geschaffen. Ich glaube, ich brauche das nicht fortzuführen. Sie haben das selbst erfahren und hier einige Illusionen zerstört.

Aber vielleicht ist es doch sehr wichtig, darauf hinzuweisen, daß der Begriff der parlamentarischen Demokratie natürlich den Typus einer gemischten Verfassung darstellt. Darüber haben wir in der Zwischenzeit wohl Einigkeit. Das gilt auch für alle anderen westlichen Demokratien. Es handelt sich um eine gemischte Verfassung, und in dieser gemischten Verfassung stehen unterschiedliche Elemente in Spannung zueinander. Das steht schon im amerikanischen «Federalist», einer der besten Interpretationen der amerikanischen Verfassung. Damals sprachen die Amerikaner allerdings nicht von Demokratie – darunter verstand man damals die antike direkte Demokratie, die durch die historischen Erfahrungen negativ gekennzeichnet war –, sondern sie sprachen von Republik.

Und die Republik war dadurch gekennzeichnet, daß sie auf der einen Seite die Handlungsfähigkeit des Staates garantieren, auf der anderen Seite aber gleichzeitig den Staat in seiner Handlungsfähigkeit blockieren sollte. Das ist das berühmte System der Checks and Balances. Und das haben wir auch. Es ist ein System der Gegengewichte.

In diesem Sinne stehen demokratisch-partizipatorische Elemente gegen andere Elemente, beispielsweise gegen den Rechtsstaat. Das sind Spannungen, die wir auszuhalten haben; sie drücken sich institutionell aus, zum Beispiel in der starken Stellung unseres Bundesverfassungsgerichts. Sie kennen ja die Auseinandersetzungen. Dieses System ist eben gezielt nicht radikaldemokratisch gedacht. Darüber hinaus kennen wir das Gegeneinander von repräsentativen und plebiszitären Elementen in vielerlei Hinsicht.

Auch die Soziale Marktwirtschaft ist ein Element unserer als Checks and Balances verstandenen Demokratie. Die freie Entscheidung des Unternehmens gehört in dieses Demokratieverständnis hinein und alle anderen Dimensionen der Sozialen Marktwirtschaft eben auch.

Die ökologische Herausforderung

(*Eckhard Stratmann*) Ich möchte an die Stelle der Sozialen Marktwirtschaft und des Spannungsverhältnisses zur parlamentarischen Demokratie ein Programm setzen: Wir brauchen die Entwicklung und den Aufbau einer ökologischen Wirtschaftsdemokratie. Wir sollten nicht nur über Soziale Marktwirtschaft, sondern auch über Ökologie reden, die bei der Wirtschaftsordnung und der Wirtschaftsweise, wie sie bei uns funktioniert und existiert, absolut und tagtäglich unter die Räder kommt. Wir brauchen eine ökologische Wirtschaftsdemokratie.

(*Wolfgang Roth*) Wenn diese Wettbewerbswirtschaft mit der ökologischen Frage nicht fertig wird, gibt es sie in zehn, fünfzehn, zwanzig Jahren nicht mehr – ich will das jetzt nicht überspitzen, indem ich sage, weil es uns nicht mehr gibt, weil alles vergiftet ist, sondern primär dann in einer ersten Phase wegen einer Glaubwürdigkeitskrise dieser Wettbewerbswirtschaft.

Auch das führt natürlich wieder zurück auf die staatlichen Aufgaben, Rahmen zu setzen, zum Beispiel auch wettbewerbswirtschaftliche Rahmen zu setzen, indem man eben Preise dort festsetzt, wo sie bisher nicht in der richtigen Relation existieren.

(*Peter Gillies*) Bei den externen Effekten – Sie Herr *Streissler*, haben das einmal definiert –, haben die Marktwirtschaftler in Ihren Reihen, Herr *Wissmann*, doch Schwierigkeiten, Antworten zu finden. Stichwort: Ökologie.

(*Matthias Wissmann*) Wir haben beim letzten Bundesparteitag in dem Umweltprogramm, das wir dort verabschiedet haben, versucht, dieses aufzuarbeiten. Ich glaube, das ist der erste wirklich konzeptionell durchdachte Ansatz einer großen Volkspartei, der marktwirtschaftliche Lösungen für die großen Umweltherausforderungen vorstellt. Umschrieben mit Worten, die wir ja alle kennen: Zertifikatsregelungen und Kompensationsregelungen, nur sehr begrenzte steuerliche Ordnungsmechanismen und keine Gebots- und Verbotsregelungswut bürokratischer Natur, die ja gelegentlich auch umweltpolitischen Vorstellungen zu eigen ist. Wir arbeiten sehr ernsthaft an diesen externen Faktoren und an der marktwirtschaftlichen Lösung neuer Herausforderungen.

Im übrigen kann man wieder auf *Ludwig Erhard* zurückgehen, der immer davor gewarnt hat, unsere Wirtschaftsordnung – wie hat er es einmal gesagt? – rein ökonomistisch zu verstehen. Er würde uns mit Sicherheit heute mahnen, so wie er uns damals in Sachen Kartellrecht oder Sozialpolitik gemahnt hat, daß wir die ökologischen Herausforderungen ernst nehmen, sie allerdings mit marktwirtschaftlichen Vorstellungen lösen.

Diskussion

Jetzt nehmen Sie ein konkretes Beispiel; es ist immerhin ein Beispiel für solche marktwirtschaftlichen Lösungen. Wenn Herr *Töpfer* mit den Kompensationsregelungen innerhalb der TA Luft damit anfängt, nicht mehr nur auf den staatlichen Eingriff zu vertrauen, sondern es Firmen selbst in einem marktwirtschaftlichen Spiel mit Belohnung und Bestrafung zu überlassen, mehr Umweltschutz zu verwirklichen, dann ist das ein Schritt in die Richtung, in die wir gehen müssen.

Daher ist meine Antwort auf das Öko-Steuer-Konzept der SPD: Wir müssen das mit mehr marktwirtschaftlichen Mitteln lösen, als es der SPD in ihrem Konzept bisher eingefallen ist.

(*Eckhard Stratmann*) Tatsache ist, daß es einige Vordenker und Querdenker in der CDU gibt, von *Biedenkopf* angefangen, die die ökologische Herausforderung erkannt haben, eine entsprechende Weiterentwicklung der sogenannten Sozialen Marktwirtschaft – ich habe meine Meinung dazu gesagt – zur ökologischen Marktwirtschaft formulieren und dabei assistiert werden von Leuten wie Herrn *L. Wicke*, Direktor im Umweltbundesamt Berlin, CDU-Mitglied, dabei assistiert werden von Professor *Holger Bonus*, einem der Umweltpäpste unter den Theoretikern in der Bundesrepublik Deutschland. Und die haben machtpolitisch in der CDU nicht den Hauch einer Chance.

Ich nehme nur eine ganz konservativ und zurückhaltend geschätzte Zahl von Herrn *Wicke*, daß die sogenannte Soziale Marktwirtschaft so effektiv produziert, daß sie Jahr für Jahr 120 Milliarden DM Folgekosten an Umweltschäden produziert – 120 Milliarden DM. Nehmen wir den Verkehrsbereich, damit kommen wir zu einem Beispiel der Öko-Steuer. Allein der private Automobilverkehr in der Bundesrepublik Deutschland produziert jährliche Folgekosten in der Größenordnung von 80 Milliarden DM: Gebäudeschäden, Waldsterben, Gesundheitsschäden, Pseudokrupp usw.

Rein marktwirtschaftlich – und ich argumentiere marktwirtschaftlich – muß man den Preis der externen Kosten auf den Verursacher überwälzen. Verursacher sind die Autofahrer. Die Grünen fordern – ich bin froh, daß die SPD das jetzt auch fordert, wir Grünen fordern das seit Jahr und Tag – in einem ersten Schritt eine Mineralölsteuererhöhung um 50 Pfennig. Wir fordern die Überwälzung der externen Kosten des Automobilverkehrs auf den Verursacher, sprich die Autofahrer, via Steuern. Das ist marktwirtschaftlich.

Das kann man nicht bruchartig machen, auch wegen der sozialen Folgen, aber man muß es schrittweise machen.

(*Florian J. Hoffmann*) Was machen Sie dann mit den Steuereinnahmen?

(*Eckhard Stratmann*) Die Steuereinnahmen, nach unserem Öko-Steuerkonzept...

(*Florian J. Hoffmann*) Die geben Sie aus und produzieren damit dann Umweltschmutz! Und wo ist der Effekt?

(*Eckhard Stratmann*) Lassen Sie mich doch antworten.

(*Florian J. Hoffmann*) Null!

(*Eckhard Stratmann*) Das ist völliger Unsinn. Hören Sie doch erst mal zu. Also, nach unserem Umwelt-Steuerkonzept, einer Mischung aus spezifischen Umweltabgaben, einer Primärenergiesteuer und Mineralölsteuererhöhung bei Beibehaltung der Kfz-Steuer, kommen wir über dieses Paket von Steuereinnahmen auf Jahreseinnahmen von 83 Milliarden DM. Die Einnahmen aus der Mineralölsteuererhöhung bleiben im Verkehrsbereich und werden für eine Leistungssteigerung und den Ausbau des öffentlichen Personenverkehrs ausgegeben. Wenn wir den privaten Pkw-Fahrer preislich belasten, müssen wir gleichzeitig die Alternative zur Verfügung stellen.

(*Florian J. Hoffmann*) Also neue Kraftwerke dafür bauen!

(*Eckhard Stratmann*) Ich rede gerade über den Verkehrssektor.

(*Florian J. Hoffmann*) Sie brauchen dann mehr Strom und Sie brauchen mehr Kraftwerke und maximieren den Dreck in der Luft!

(*Eckhard Stratmann*) Ich habe nicht vor, daß wir beispielsweise die Busse über Elektrobatterien fahren lassen. Nur dazu würden wir Kraftwerke brauchen.

Wenn ich gleichzeitig einen Teil dieser 83 Milliarden DM, die mit einer Erhöhung der Mineralölsteuer hereinkommen, zum Ausbau des öffentlichen Personenverkehrs aufwende, kann ich...

(*Florian J. Hoffmann*) Dann brauchen Sie neue Fabriken, um die Busse zu bauen!

(*Eckhard Stratmann*) Oh, mein Gott!

(*Florian J. Hoffmann*) Wo nehmen Sie denn die Busse her?

(*Peter Gillies*) Zwischenrufe sind erwünscht. Aber wir wollen nicht nur eine ökologische Diskussion führen – auch, aber nicht nur.

(*Béla Harmatzy-Simon*) Ich finde, es ist ein Blödsinn, wenn man sagt, es gibt eine ökologische Marktwirtschaft. Das ist ungefähr so, als reden wir über Verpflegung und sprechen dann nur über Tiefkühlkost. Das ist nur ein Teil der Verpflegung. Sie können nicht einen globalen Begriff wie Marktwirtschaft hier einfach ökologisieren. Das ist ja gar keine Marktwirtschaft, das ist Blödsinn, um mal Ihre Worte aufzugreifen.

(*Eckhard Stratmann*) Ich habe doch nicht gesagt, daß die ökologische Frage die einzige Frage in der Bundesrepublik Deutschland und in der Welt ist, mit der wir konfrontiert sind. Sie ist eine Herausforderung in der Bundesrepublik – und nicht nur für fünf oder zehn Jahre, sondern für die nächste Generation –, die von einer Größenordnung ist wie die soziale Frage im letzten Jahrhundert und zu Anfang dieses Jahrhunderts.

Deswegen ist der Ausbau eines solchen marktwirtschaftlichen Systems notwendig. Ich rede dabei nicht von kapitalistischer Marktwirtschaft, sondern von einem marktwirtschaftlichen System, das die ökologische Frage marktwirtschaftlich – Verursacherprinzip – voll integriert.

(*Rainer Funke*) Zur ökologischen Marktwirtschaft: Sie wissen, daß auch die FDP daran arbeitet, die Marktwirtschaft ökologisch mit umzugestalten. Wir teilen mit Ihnen die Auffassung, daß die Mineralölsteuer erhöht werden muß. Das ist sicherlich eine gute Möglichkeit, hier an den Verbraucher heranzugehen. Das ist ein marktwirtschaftliches Modell. Dieses werden wir unterstützen.

Wir werden es auch unterstützen, daß bei Emissionen mit einem

Malus- und einem Bonus-System gearbeitet wird. Wer also weniger Emissionen verursacht, wird begünstigt, entweder steuerlich oder durch andere Maßnahmen. Wir stehen da alle noch sehr am Anfang, auch Sie von den Grünen. Wir müssen sehen, daß wir mit diesem System der ökologischen Orientierung nicht gleichzeitig auch unsere gesamte Wirtschaft kaputtmachen. Wir müssen hier Schritt für Schritt – aber nicht mit Schrittchen – vorgehen. Und ich bin sicher, daß wir auch da mit den anderen Parteien in der Zielrichtung einig sind und daß diese Zielrichtung auch dazu führen wird, daß wir zu einer ökologischen Marktwirtschaft gelangen werden.

(*Otto Schlecht*) Es ist noch viel zu tun – da stimme ich schon zu, auch Herrn *Stratmann* – bei der nun wirklich gravierendsten Herausforderung, eine saubere Umwelt zu haben. Und da muß man ohne massive Interventionen eine sinnvolle Kombination zwischen unvermeidlichen Geboten und Verboten und marktwirtschaftlichen Anreizen haben. Dabei ist nachzudenken, wie weit Abgaben und Steuern eine Rolle spielen können. Ich sage z.B. frank und frei: Ich bin für eine CO_2-Abgabe, und zwar möglichst schnell. Aber das natürlich im Zusammenhang damit, daß insgesamt die Abgabenbelastung nicht steigt. Dann müssen vielmehr die Produktionsfaktoren Arbeit und Kapital in dem Maße entsprechend entlastet werden, in dem man die knappe Ressource «saubere Umwelt» im Sinne von effizienter Verwendung belastet.

Wir sollten nicht vergessen, daß das Umweltproblem am allerschlechtesten gelöst worden ist und weiter gelöst wird in Diktaturen und Staatswirtschaften und immer noch am relativ besten in marktwirtschaftlichen Ordnungen.

(*Peter Gillies*) Stimmen Sie da zu, Herr *Stratmann*? Das würde mich interessieren.

(*Eckhard Stratmann*) Nach dem, was ich eingangs gesagt habe, stimme ich dem letzten Satz von Herrn *Schlecht* absolut zu.

(*Otto Schlecht*) Eines möchte ich sagen, auch einigen im Regierungslager und, Herr *Funke*, vielleicht sogar der FDP: Ich halte nichts davon, daß wir den Begriff Soziale Marktwirtschaft in ökologische

Marktwirtschaft umetikettieren. Wer das tut, hat nicht begriffen, daß die Väter der Sozialen Marktwirtschaft die soziale Ausgestaltung viel umfassender verstanden haben als nur Sozialpolitik oder Mitbestimmung. Sie meinten insgesamt menschenwürdige Ausgestaltung der Wirtschaftsordnung. Und heute gehört natürlich die Ökologie dazu; sie ist ein integraler Bestandteil des Sozialen geworden. Es ist ganz schief, statt «sozial» jetzt «ökologisch» zu sagen oder «ökologisch und sozial».

(*Peter Gillies*) Herr *Stratmann*, Herr *Jäger* hat in seinem Referat mit warnendem Unterton auf *Hermann Lübbe* hingewiesen – Triumph der Gesinnung über die Urteilskraft. Das geht unter anderem gegen Grüne, vermute ich. Wegweisungen haben Sie nicht nur demoskopisch bewiesen, Wegweisungen verstehen Sie offenbar zu setzen, öffentlich, publizistisch. Glauben Sie auch, daß Sie Lösungskompetenzen in gleicher Weise setzen, vermitteln können?

(*Eckhard Stratmann*) Die Lösungskompetenzen können wir setzen, aber offensichtlich schlecht vermitteln, wie – das sage ich selbstkritisch auch an meine eigene Person – unser medialer Dilettantismus in Sachen Marketing unseres eigenen Öko-Steuerkonzeptes gegenüber der SPD in der Sommerpause gezeigt hat. Das heißt, im Verkauf unserer Konzepte sind wir noch Dilettanten. Im Entwickeln unserer Konzepte – das sage ich ganz selbstbewußt und ich bin im persönlichen Gespräch mit jedem Fachmann und jeder Fachfrau in diesem Raum bereit, den Nachweis anzutreten – sind wir besser als alle Konkurrenten im politischen Raum.

Wir haben 1986 ein umfangreiches Programm unter anderem zum ökologischen und demokratischen Umbau der Industriegesellschaft vorgelegt und detailliert mit Berechnungen, mit Angabe der konkreten Instrumente unser Öko-Steuerkonzept im Detail dargestellt. Das, was die SPD jetzt vorgelegt hat, ist ein schwacher Abklatsch davon. Trotzdem bin ich froh, daß die SPD diesen Schritt gemacht hat und macht, weil sich dadurch in Zukunft Kooperationsmöglichkeiten ergeben. Ich finde das ganz hervorragend.

Also, zu dieser Teilfrage, Herr *Gillies*: Ich glaube, wir haben sehr detaillierte Konzepte, die bis in Finanzierungsvorschläge hineingehen. Aber im Verkauf sind wir noch zu schlecht.

Ökologie ist das Ziel, dem die Wirtschaft dienen muß. Wir sind uns doch in den Lehrbuchweisheiten sicherlich einig: Das sogenannte freie Unternehmertum hat eine dienende Funktion. Die Wirtschaft ist kein Selbstzweck. Ökologie, ökologische Lebensbedingungen sind Selbstzweck. Dem muß die Wirtschaft dienen. Und dann suche ich die Instrumente aus, die effektiv sind, um Ökologie zu sichern.

Das können marktwirtschaftliche Instrumente sein. Ich habe dogmatisch überhaupt nichts gegen Zertifikate. Schauen wir uns doch im einzelnen an: Was können sie erreichen, wie funktionieren sie? Wenn wir zu dem Ergebnis kommen, sie sind funktional, haben Sie mich sofort zum Freund.

Nur, *Holger Bonus* wird Ihnen vorrechnen – das hat er schon 1983 im Symposion hier in diesem Raum getan und das weiß ich aus Diskussionen mit ihm selbst: Dieses ganze Zertifikatswesen, wofür er sich stark einsetzt, ist ein marginaler Beitrag zum Umweltschutz. *Holger Bonus*, Umweltpapst, CDU, plädiert für starke staatsdirigistische Eingriffe, um Ökologie durchzusetzen.

Also, es ist wirklich ein Geschwätz, wenn man versucht, Zertifikate gegen staatliche Gebote auszuspielen. Wir brauchen alles. Wir brauchen marktwirtschaftliche Instrumente, wir brauchen Steuern und Abgaben und wir brauchen staatliche direkte Interventionen – wir brauchen eine Paketlösung.

(*Peter Gillies*) Es gibt gar keinen Widerspruch!

(*Eckhard Stratmann*) Ja, ich bin froh darüber.

Die Zukunft der Sozialen Marktwirtschaft

(*Peter Gillies*) Wenn es darum geht, Botschaften zu formulieren, Wegweiser zu setzen – da ist mir heute etwas in die Hand gefallen, was auf den ersten Blick damit nichts zu tun hat, auf den zweiten Blick doch: Frage an 1000 Jugendliche im Juni 1987, welchen Personen oder Organisationen sie das Attribut «herausragend» zubilligen würden. Die Antwort war weit führend «Greenpeace», zweite Stelle «*Dustin Hoffmann*», dritte Stelle «*Steffi Graf*», vierte Stelle «*Michail Gorbatschow*», fünfte Stelle «*Helmut Kohl*» vor «*Michael Jackson*», den «Grünen» und «*Richard von Weizsäcker*».

Dieselben Jugendlichen, befragt, welches sie denn für ihr persönliches Vorbild aus den genannten Gruppen hielten: Da standen an erster Stelle die Eltern, weit überwiegend, dann Freunde, dann *Michail Gorbatschow*, dann *Steffi Graf* und unter ferner liefen einige andere.

Herr *Roth*, eine lange Einleitung zu einer Frage, die gar nichts damit zu tun hat – aber denn doch. Wegweiser setzen, übergreifende Botschaft, vielleicht auch Begeisterung wecken für ein System, von dem die Mehrzahl hier behauptet, daß es der beste Problemlöser sei.

(*Wolfgang Roth*) Ich glaube, daß wir doch beim richtigen Thema waren, die ökologischen Probleme wirklich mit der Erhaltung des Wohlstands der Menschen zu verbinden. Das heißt, aus der jetzigen Wohlstandssituation eine Situation des Wohlbefindens zu machen, und zwar nicht nur in dem Sinne, daß ich mich jetzt wohlfühle, sondern auch, daß ich als Politiker eine gewisse Politik vermittle, daß wir für die nächste Generation ähnliche Lebenschancen bieten wie für die jetzige Generation.

Ich glaube, das drückt sich dann auch in der Zustimmung für Greenpeace aus. Ich bin der Meinung, unsere pädagogische Aufgabe ist es, darzustellen, daß das mit einer Wettbewerbswirtschaft zu vereinbaren ist. Allerdings müssen wir dann den Mut haben, an der einen oder anderen Stelle drastische Eingriffe zu machen – nicht Interventionen, von denen Herr *Schlecht* gesprochen hat, sondern beispielsweise: der knappen Natur einen Preis zu geben, der uns dann schmerzt und der uns dann im Wettbewerb der Ideen auch zu Problemlösungen anreizt. Das scheint mir die Aufgabe der nächsten Jahre zu sein.

(*Matthias Wissmann*) Weil Sie diese Umfrage bei den Jugendlichen zitiert haben und ich selber viele Jahre mit Jugendlichen gearbeitet habe und ein bißchen von deren Art, an die Politik heranzugehen, zu verstehen glaube, möchte ich – vielleicht selbstkritisch für viele, die in der Politik tätig sind – sagen: Was wir in den vergangenen Jahren, eigentlich seit *Ludwig Erhard*, viel zu häufig versäumt haben, war, Jugendlichen klarzumachen, daß wir für die Soziale Marktwirtschaft nicht deswegen allein eintreten, weil sie die höheren Wachstumszahlen produziert, sondern weil sie die Voraussetzung dafür ist, überhaupt ein freies Leben möglich zu machen; freie Wahl der Ausbildung, eine bürger- und menschennahe Art der Entscheidungen, eine dezentrale Struktur.

Es hat einmal einer gesagt: Der Unterschied zur Sozialen Marktwirtschaft, bezogen auf das Bewußtsein des Bürgers, sei, daß vor den Schaltern der Bezugsscheinämter in sozialistischen Regimen eben auch der Bürgerstolz dahinschmelze.

Anders ausgedrückt: Es ist meines Erachtens zu häufig versäumt worden, die sozialethische Legitimation der Sozialen Marktwirtschaft in einer verständlichen Sprache jungen Leuten klarzumachen. Das ist der eine Punkt, an dem wir alle arbeiten müssen – alle.

Der zweite Punkt ist, und deswegen ist das Thema Ökologie und Vision, überzeugende Botschaften, wichtig: In einer komplexen Welt, wo Junge wie Ältere die Vielfalt von Entscheidungsaspekten kaum noch durchschauen, bedarf es einiger relativ einfacher Botschaften, die dann auch von glaubwürdigen Personen vergleichsweise simpel vermittelt werden müssen. Dazu kann Frau *Noelle-Neumann* mit Sicherheit mehr sagen als wir alle hier.

(*Peter Gillies*) Herr *Wissmann*, eine Zwischenfrage. Warum ist jemand so unglaublich populär, der sich darum bemüht, die Schlangen, die es seit 70 Jahren, seit der Oktoberrevolution gibt, abzubauen – viel populärer als einer, der sie vor 40 Jahren abgebaut hat?

(*Matthias Wissmann*) *Ludwig Erhard* war, als er sie abgebaut hatte, der populärste deutsche Politiker neben *Konrad Adenauer*. Aber wir haben es nicht geschafft, diese historische Leistung genügend weiterzugeben. Schauen Sie sich mal in einem Teil unserer Schulbücher an, welches Zerrbild von Wirtschaftsordnung, Unternehmern oder Gewinn dort verbreitet wird.

Ich habe es in Diskussionen mit Schulklassen erlebt; ich diskutiere sehr häufig hier in Bonn mit Schulklassen, wo ich Schülern der 12. Gymnasialklassen den Unterschied zwischen Gewinn und Ertrag vermitteln mußte.

Mit anderen Worten: Der Respekt vor *Gorbatschow* ist verdient. Man kann nur hoffen, daß er am Ende auch Erfolg haben wird. Aber daß der Respekt vor *Ludwig Erhard* langsam aus dem Bewußtsein, selbst bei Älteren, verschwindet, ist ein großes Versäumnis all derer, die für Erziehung, Bildung und Öffentlichkeitsarbeit zu sorgen haben. Da haben wir, finde ich, alle nachzuholen.

(*Peter Gillies*) Herr *Wissmann* würden Sie eine Zwischenfrage erlauben?

(*Matthias Wissmann*) Ja, bitte sehr.

(*Florian J. Hoffmann*) Kurz zu dem, was Sie zuletzt gesagt haben, zu der Klarheit und zu dem Klarmachen des Begriffs Marktwirtschaft.

Sie sagen, wir müssen das den Leuten klarmachen. Aber am heutigen Tage wurde mehrfach der Begriff Marktwirtschaft verfremdet und verunklart. Und zwar zum einen durch den Begriff «freie Unternehmerwirtschaft» und zum anderen durch den Begriff «sozialistische Marktwirtschaft» oder durch die Begriffe «Wettbewerbswirtschaft» oder «ökologische Marktwirtschaft» usw.

Soweit ich informiert bin, existiert eine genaue Definition des Begriffs Marktwirtschaft schon, aber vielleicht ist sie hier nicht ganz präsent. Ich möchte daher einmal den kurzen Versuch einer Darstellung wagen: Wenn Sie auf den Bonner Marktplatz kommen, dann sehen Sie Marktwirtschaft. Marktwirtschaft bedeutet: auf der einen Seite das Angebot von Gütern durch Unternehmer, auf der anderen Seite die Versorgung der Bürger durch den Markt über den Markt, die Nachfrage. Der Markt ist die zentrale Position, wo sich die Akteure treffen. Deswegen heißt Marktwirtschaft eben Marktwirtschaft.

Wenn man den Begriff freie Unternehmerwirtschaft nimmt, dann ist das nur die Versorgungsseite für den Markt. Oder wenn man den

Begriff Wettbewerbswirtschaft nimmt, dann kennzeichnet der nur die Situation der Unternehmer untereinander.

Wenn man die ökologische Marktwirtschaft nimmt, dann ist das nur eine Aufgabe – möglicherweise eine staatliche oder die einiger Unternehmer –, die im Rahmen der Marktwirtschaft erfüllt werden könnte. Aber jeder Versuch, diesem Begriff Marktwirtschaft eine andere Färbung zu geben – «kapitalistische Marktwirtschaft» ist zum Beispiel so ein negatives Etikett –, führt dazu, daß das alles mit Marktwirtschaft nichts mehr zu tun hat. Bleiben Sie also bitte bei dem Begriff der Marktwirtschaft.

Wir müssen, um die Sache in Klarheit mitteilen zu können, erst einmal definitorisch klar sein. Dann können wir auch die Inhalte vermitteln.

(*Erich Streissler*) Wenn ich nicht auf den Ausdruck Marktwirtschaft näher eingegangen bin: Ich bin ein internationaler, nicht ein deutscher Wirtschaftswissenschaftler. Und von Marktwirtschaft redet man eben nur in Deutschland. Hier glaubt man, daß dieser Begriff wohl definiert ist. Andere Länder kennen ihn hingegen nicht. Daher versuchte ich zu fragen, worum es geht bei der Marktwirtschaft und inwieweit die Ideen zur Sozialen Marktwirtschaft nicht teilweise nur andere Worte sind – freilich aber auch eine ideologische Überhöhung – für etwas, das in anderen Gesellschaften in ähnlicher Weise praktiziert wird.

(*Eckhard Stratmann*) Hans Magnus Enzensberger hat einmal – wie ich finde, treffend – das Verhältnis von Marktwirtschaft im Kapitalismus und parlamentarischer Demokratie so charakterisiert (ich zitiere sinngemäß): Die Politiker werden gewählt und haben wenig oder nichts zu sagen (viele Kommunalpolitiker haben nichts zu sagen gegenüber Großkonzern-Managern in ihren Kommunen); die Manager bzw. Unternehmer haben das Sagen, sie werden aber nicht gewählt.

Das ist ein vorkonstitutioneller Zustand. Oder: Das ist der Zustand einer konstitutionellen Monarchie, der mit Demokratie nichts zu tun hat.

(*Rainer Funke*) Ich teile die Auffassung, daß Marktwirtschaft und parlamentarische Demokratie zusammengehören. Ich würde auch sagen, daß Marktwirtschaft und Wettbewerb zusammengehören. Aber dadurch, daß zur Marktwirtschaft auch Privateigentum notwendig ist, wird sich auch im Ostblock die Demokratisierung nach und nach durchsetzen. Denn wer Privateigentum hat, will auch am System mitarbeiten, will auch Demokratie, will mitbestimmen. Auf diese Weise – das kann man, glaube ich, auch sehr schön sehen – bedingt eben eines das andere.

Das heißt, Marktwirtschaft, wenn man sie einführen will, bedingt auch, daß man im Ostblock mehr Demokratie haben muß, weil das wirklich spiegelgleich ist; das ist ein Koppelprodukt. Das kann mal ein oder zwei Jahre auseinanderklaffen. Wir haben Beispiele in Südamerika, wo es marktwirtschaftliche Verhältnisse, aber eine Diktatur gibt.

(*Eckhard Stratmann*) Auf jeden Fall länger als zwei Jahre!

(*Rainer Funke*) Aber auf Dauer sind diese Begriffe, meine ich, spiegelgleich.

(*Otto Schlecht*) Auf die Frage, ob die beiden Begriffe unseres Themas zusammenhanglos nebeneinanderstehen oder zusammengehören, habe ich vor vier Jahrzehnten in meiner in Freiburg geschriebenen Diplomarbeit über «Vereinbarkeit von wirtschaftlicher und staatlicher Ordnung» am Schluß folgende Antwort gegeben:

«Die Wettbewerbsordnung ist die Wirtschaftsordnung, welche die wirtschaftliche Freiheit optimal gewährleistet, und sie ist damit gleichzeitig die Ordnung, welche eine freiheitliche Verfassung des Staates und des Rechts – die rechtsstaatliche Demokratie – möglich macht. Sie ist es deshalb, weil die menschliche Freiheit nach allen Seiten hin unteilbar ist, weil die politische, rechtliche und kulturelle Freiheit die wirtschaftliche zur Voraussetzung hat, und ebenso eine freiheitliche Wirtschaftsordnung nur zu haben ist bei einer entsprechenden freiheitlichen Staats- und Rechtsordnung.»

Nach Höhen und Tiefen in 40 Jahren Erfahrung und trotz der skeptischen Bemerkungen von Herrn *Streissler* habe ich heute nichts von dem zurückzunehmen, was ich vor vier Jahrzehnten in meiner Diplomarbeit geschrieben habe.

Es ist ein revolutionärer Vorgang, daß Sie das, was ich vor 40 Jahren geschrieben habe, nahezu wortgleich in der Regierungserklärung des polnischen Ministerpräsidenten vor wenigen Tagen nachlesen können. Ich glaube, das muß man bei unserer akademischen Debatte über diese Begriffe einfach zur Kenntnis nehmen.

(*Peter Gillies*) Jetzt möchte ich Herrn Professor *Streissler* die Gelegenheit geben, seinen kurz gefaßten Eindruck wiederzugeben, ob denn seine sperrigen Bemerkungen auf fruchtbaren Boden gefallen sind.

(*Erich Streissler*) Ich wollte mit meinem Referat natürlich auch etwas provozieren, und das habe ich sicher getan. In vieler Hinsicht bin ich ganz einer Meinung mit den anschließenden Rednern. Insbesondere möchte ich noch einmal auf die Diplomarbeit von Herrn Staatssekretär *Schlecht* zu sprechen kommen, ...

(*Peter Gillies*) Es ist eine weitere Auflage geplant, mit Goldschnitt – Fortsetzungsroman!

(*Erich Streissler*) ... und zwar zu dem, was Marktwirtschaft und Demokratie verbindet.

Was Marktwirtschaft und Demokratie verbindet, ist der Wettbewerb. Hier laufen Marktwirtschaft und Demokratie sicherlich parallel. Eine weitere Gemeinsamkeit ist, daß Marktwirtschaft wie Demokratie die Möglichkeit geben, Bedürfnisse zu artikulieren, und daß sie an der Bedürfnisbefriedigung ausgerichtet sind. Es gibt da also tatsächlich viele Parallelen.

Ich würde nicht so weit gehen, mit dem Herrn Staatssekretär zu behaupten, daß Demokratie und Marktwirtschaft immer übereinstimmen, auch längerfristig nicht. Ich erinnere ihn daran, daß Hongkong überhaupt keine Demokratie hat, dort gar keine Möglichkeit einer demokratischen Partizipation besteht, daß Taiwan keine Demokratie ist, daß Singapur eine Diktatur ist; das sind gerade mit die ökonomisch erfolgreichsten ostasiatischen Länder.

(*Otto Schlecht*) Ich habe gesagt: in Europa in der abendländischen Tradition!

(*Erich Streissler*) Wenn Sie «in Europa in der abendländischen Tradition» hinzufügen und die heute meinen, dann ist eine Parallelität sicher gegeben. Ich hatte einen etwas weiteren historischen Rahmen gewählt.

(*Wolfgang Jäger*) Ich warne davor, Soziale Marktwirtschaft und Demokratie auseinanderzudividieren. *Gorbatschow* hat nicht den Erfolg bei unserer Jugend, weil er Marktwirtschaft einführt, sondern weil er eine demokratische Vision für die Sowjetunion entwickelt.

Genau in diesem Sinne hat auch *Erhard* seinen Erfolg erzielt. Bei uns besteht eine Gefahr, die im Grunde genommen im Trend der Entwicklung der siebziger Jahre zu sehen ist. Damals hat man den Staat isoliert gesehen und die Wirtschaftsordnung abgekoppelt. Wir sind heute umgekehrt versucht, die Marktwirtschaft als wirtschaftliche Ordnung zu isolieren. Deshalb mein Versuch, auf *Erhard* zurückzuverweisen. Wir dürfen die Soziale Marktwirtschaft als Vision und die Idee Demokratie nicht auseinanderdividieren. Ein Modell ist übrigens Amerika: Die Wirtschaft in Amerika ist Teil des «free country» und der Demokratie.

Der Erfolg der Marktwirtschaft wird längerfristig nur dann gewährleistet sein, wenn die Marktwirtschaft Teil der Demokratie-Konzeption ist.

(*Peter Gillies*) Könnten Sie sich vorstellen, daß wir am 14. September 1999 hier sitzen und über das gleiche Thema oder über Variationen reden?

(*Eckhard Stratmann*) Ich fürchte, daß wir 1999 noch über das gleiche Thema sprechen. Ich hoffe, daß wir dann über den Einstieg in die ökologische Wirtschaftsdemokratie und über die ersten Erfahrungen damit sprechen können.

(*Rainer Funke*) Ich glaube, wir werden über zumindest ähnliche Formulierungen sprechen. Ich glaube allerdings, daß dann das Auseinanderklaffen zwischen Reichen und Armen in der Welt noch größer sein wird und daß dies dann für unsere Soziale Marktwirtschaft schon ein großes Problem sein wird.

(*Matthias Wissmann*) Eine ähnliche Diskussion. Meine Hoffnung ist nur, daß sich die Demokratie- und Marktwirtschafts-Vorstellungen dort, wo sie heute in diesem dramatischen Umbruchsprozeß vollzogen werden – Polen, Ungarn, Sowjetunion –, dann durchgesetzt haben und es nicht einen schweren Rückschlag gegeben hat.

(*Wolfgang Roth*) Ich befürchte, daß wir am Ende der neunziger Jahre über die dann schon stattgefundene internationale Vermachtung der Märkte und der Wirtschaftsformation intensiv diskutieren müssen. Was zur Zeit in ständig neuen Begründungen abläuft, warum größer und immer größer noch besser ist, halte ich für die eigentliche Bedrohung des Wettbewerbs der Marktwirtschaft in den neunziger Jahren. Und ich fürchte, das wird das Thema dann sein.

(*Wolfgang Jäger*) Wir werden weniger über Grundsatzfragen sprechen als vielmehr bilanzieren.

(*Erich Streissler*) Ich hoffe, daß bis dahin die Politiker, zumindest für die Bundesrepublik Deutschland, unterscheiden können zwischen Kapitalgebern und Kapitalnehmern.

Schlußwort

Otto Schlecht

Schlußwort

Ich habe natürlich nicht das «letzte Wort» – ich spreche als Mitveranstalter für den Bundesminister für Wirtschaft, und da fällt mir das Schlußwort zu.

Dazu gehört zunächst ein herzliches Dankeschön an den anderen Mitveranstalter, an Sie, lieber Herr *Hohmann,* als Vorsitzenden der Ludwig-Erhard-Stiftung. Sie haben – ich weiß nicht, ob ich mich einschließen kann – nicht zuletzt durch die Auswahl der Mitwirkenden dafür Sorge getragen, daß wir heute mit dem Thema «Soziale Marktwirtschaft und Parlamentarische Demokratie» gar keine betuliche Geburtstagsfeier gehabt haben, sondern einen lebhaften Diskurs erleben durften, der auch kritische Töne und Nuancen gehabt hat und der, glaube ich, vor allem für diejenigen, die in politischer Verantwortung stehen, notwendig war zur ständigen Überprüfung des eigenen Standortes und der eigenen Entscheidung.

Die Zukunft der Sozialen Marktwirtschaft in parlamentarisch-pluralistischen Entscheidungsprozessen wird davon abhängen, wie es gelingt, den großen Herausforderungen der Zukunft gerecht zu werden, die wir unter veränderten Bedingungen haben.

Müller-Armack hat einmal sehr weise die Soziale Marktwirtschaft als eine offene, dynamische Wirtschaftsordnung verstanden, in der die Weiterentwicklung systemimmanent ist. Ihre regulierenden Prinzipien müssen ständig den veränderten wirtschaftlichen und gesellschaftlichen Bedingungen angepaßt werden, ohne daß man die unverrückbaren konstituierenden Prinzipien dabei aufgibt.

Und dies heißt in der Praxis – wir haben über einige Dinge diskutiert: Für die Zukunft gibt es drei wesentliche Herausforderungen. Erstens die demographische Entwicklung. Da war der Konsens der Parteien in der Rentenreform ein gutes Beispiel. Ich denke aber, daß man in der zweiten Hälfte der neunziger Jahre hier noch einmal nachbessern muß.

Zweitens der Schutz der natürlichen Lebensgrundlagen. Darüber haben wir geredet. Aber wir haben nicht darüber geredet, daß zu einer wirklich konsequenten Herausforderung in der Ökologie auch gehört, der Bevölkerung deutlich zu machen, daß saubere Umwelt nicht zum Nulltarif zu haben ist, sondern daß dieses etwas kostet und daß man dafür anderes nicht haben kann. Die Debatte geht immer nach dem Motto: Wasch' mir den Pelz, aber mach' mich nicht naß.

Nun zur dritten Herausforderung. Interessanterweise haben wir eigentlich fast nur national diskutiert und die europäische Dimension vernachlässigt. Wir haben auch, was Osteuropa anbelangt, diskutiert, was sie national machen sollen. Und wir haben die Dimension Europäischer Binnenmarkt, Wirtschafts- und Währungsunion, Vision der Politischen Europäischen Union eigentlich überhaupt nicht berührt.

Das Thema wird uns 1999 beschäftigen in der europäischen Dimension, nicht mehr in der nationalen. Wir haben faktisch nationale Souveränität unserer Regierungen und Parlamente schon weitgehend an EG-Institutionen abgegeben, sind Beschränkungen unterworfen, die Handlungsspielräume werden enger. Der Binnenmarkt, die Wirtschafts- und Währungsunion werden für die parlamentarische Demokratie noch gravierende Veränderungen mit sich bringen, deren Ausmaß und Tragweite wir heute noch gar nicht absehen können.

Dabei müssen zwangsläufig dem Europäischen Parlament weitere Aufgaben und Kompetenzen zuwachsen. Die Komplexität der politischen Entscheidungsfindung wird dann für uns in einem vierstufigen föderalen System noch zunehmen. Und hier kommt das Thema Wirtschaftsordnung und Föderalismus mit ins Bild. Darüber haben wir noch gar nicht gesprochen.

Für mich steht außer Frage, daß nicht nur wegen der Grundorientierung des EG-Vertrages Europa auf einen marktwirtschaftlichen Ordnungs- und Wettbewerbsrahmen nicht verzichten kann. Dieser Rahmen gehört zu den Funktionsbedingungen einer Europäischen Wirtschaftsunion, und zwar nicht nur als Grundlage wirtschaftlicher Leistungsfähigkeit im Vergleich zu anderen großen Wirtschaftszentren in Nordamerika und im pazifischen Raum, sondern auch als Voraussetzung für wirtschaftspolitische Handlungsfähigkeit sowie als Garant für den Erhalt der kulturellen, sozialen, wirtschaftlichen und politischen Vielfalt in Europa.

Schlußwort

Ich meine, Europa ist nur ausbaufähig auf den Grundprinzipien der Subsidiarität und des Föderalismus, nicht mit zentraler Planung. Deshalb ist gerade auch im Blickwinkel der künftigen europäischen Dimension marktwirtschaftliche Gestaltung europaweit Voraussetzung für das Funktionieren auch im politischen Bereich.

Ich bedanke mich für Ihre Aufmerksamkeit, für Ihr Engagement. Ich bedanke mich bei den Referenten und Mitdiskutanten und bei Ihnen für Ihr engagiertes Zuhören.

Referenten und Diskussionsteilnehmer

Funke	*Rainer* MdB, Stellv. Vorsitzender des Arbeitskreises Wirtschaft und Finanzen der F.D.P.-Bundestagsfraktion
Gillies	*Peter* Chefkommentator der Tageszeitung «Die Welt»
Harmatzy-Simon	*Béla* Unternehmens-Fachberater
Hoffmann	*Florian J.* Rechtsanwalt
Hohmann	*Dr. Karl* Ministerialdirektor a.D., Vorsitzender der Ludwig-Erhard-Stiftung e.V.
Jäger	*Prof. Dr. Wolfgang* Seminar für wissenschaftliche Politik der Universität Freiburg
Jansen	*Detlev* Bankkaufmann
Roth	*Wolfgang* MdB, Stellv. Vorsitzender der SPD-Bundestagsfraktion
Schlecht	*Dr. Otto* Staatssekretär im Bundesministerium für Wirtschaft
Stratmann	*Eckhard* MdB, Bundestagsfraktion Die Grünen
Streissler	*Prof. Dr. Erich* Institut für Wirtschaftswissenschaften der Universität Wien
Wissmann	*Matthias* MdB, Wirtschaftspolitischer Sprecher der CDU/CSU-Bundestagsfraktion

Personenregister

Adenauer, Konrad *32, 35, 38, 40f., 82*
Altmann, Rüdiger *38, 41*
Apel, Hans *43*

Baka, Wladislaw *64*
Benecke, Theodor 61
Biedenkopf, Kurt *39, 41, 44, 75*
Blüm, Norbert *56*
Böhm, Franz *37, 54, 62*
Bonus, Holger *75, 80*
Brandt, Willy *32–34, 42*
Buchanan, James *19*

Erhard, Ludwig *3f, 24, 33, 38f, 40–44, 48, 52, 54, 56f, 64, 72, 74, 82f, 87*
Eucken, Walter *37*

Friedman, Milton *19, 24*
Funke, Rainer *4, 52, 55, 60, 60, 65, 77f, 78, 85, 87f*

Gillies, Peter *4, 51, 53, 55, 59–61, 65–72, 68, 74, 77, 79, 79f, 80–83, 86–88*
Gorbatschow, Michail *68, 71, 81, 83, 87*
Graf, Steffi *81*

Harmatzy-Simon, Bela *77*
Hayek, Friedrich August *19*
Hoffmann, Dustin *81*

Hoffmann, Florian J. *69, 76f, 83f*
Hohmann, Karl *3–5, 91*

Jackson, Michael *81*
Jäger, Wolfgang *4, 31–48, 56f, 61f, 72f, 79, 87f*
Jansen, Detlev *68–69*

Kádár, János *68*
Kartte, Wolfgang *52*
Kiesinger, Kurt Georg *59*
Koerfer, Daniel *39*
Kohl, Helmut *81*
Kraus, Karl *25*
Kunst, Hermann *5*

Lepsius, Rainer M. *46*
Lincoln, Abraham *10f*
Lübbe, Hermann *47, 79*

Menger, Carl *20*
Metternich, Klemens Wenzel von *13*
Müller-Armack, Alfred *37, 40, 57, 91*

Noelle-Neumann, Elisabeth *82*

Risse, Roland *5*
Röpke, Wilhelm *37*
Rohwedder, Detlef Karsten *68*
Roth, Wolfgang *4, 52f, 56f, 57, 58,*

58, 62, 66, 66f, *67–68*, 68, 69, 74, *81*, 81, 88
Rousseau, Jean-Jacques *12, 40*
Rudolf, Prinz von Habsburg *20*
Rüstow, Alexander *37*

Scheel, Walter *34, 38, 42*
Schlecht, Otto *48*, 52f, *53*, 58–63, 71, *71*, *78*, 78f, *81*, 85–87, 91–93
Schmidt, Helmut *34, 43f*
Schumacher, Kurt *33*
Šik, Ota *63*
Smith, Adam *11–13, 15*
Stratmann, Eckhard *4, 51*, 51, 54f, *61*, 61–66, *66f*, 67–69, *69f*, 70f, *71f*, 72–77, *78f*, 79–80, 84f, *87*, 87
Streissler, Erich *4*, 9–28, *56f*, 58, *58*, 61, *63*, 63–64, *66f*, *72*, *74*, 84, *86*, 86–88

Töpfer, Klaus *75*

Wallraff, Hermann-Josef *5*
Weizsäcker, Richard von *81*
Wicke, Lutz *75*
Wissmann, Matthias *4, 52, 54*, 54, 59–60, *60f*, 65, *65*, 68, *69*, 69–70, *74*, 74, 81–83, *82f*, *88*, 88

Sachregister

Adenauer-Ära 32f., 35
Ahlener Programm 55f.
Airbus 53, 61
Arbeitnehmer 40, 56, 66f.
Arbeitslosigkeit 42, 54
Arbeitsplatzwahl, freie 62
Arbeitsschutz 23
Außerparlamentarische Opposition 31

Bedürfnisbefriedigung 15, 86
Berufswahl, freie 62
Betriebsverfassungsgesetz 66, 69
Bevölkerungsentwicklung 91
Bildungspolitik 40
Boeing 53
Brasilien 54
Brüderlichkeit 9—11, 13, 17f., 20, 22, 25, 54
Bürokratie 26f., 61f., 70
Bundesminister für Wirtschaft 3, 91
Bundespräsident 3
Bundestag 33
Bundesverband der deutschen Industrie 42

Checks and balances 73
China 65
Christlich-Demokratische Union, Christlich-Soziale Union 32, 40, 42, 44, 47, 55f., 68, 74f., 80
siehe auch Volksparteien

Daimler-Benz/MBB-Fusion 51f., 53, 69
Demokratiebegriff 72f.

Demokratisierung 31, 34, 36
Deregulierung 61
Deutsche Bank 52
Deutschland, Bundesrepublik 31f., 33, 36
Deutschland, DDR 63
Diktatur 14
Dirigismus 39
Dritte Welt 54f.
Douglas 53
Düsseldorfer Leitsätze 56

Eigennutz 15f., 26
Eigentum, Privateigentum 21, 25, 62, 85
Einkommen, Einkommensverteilung 21f.
Elite 19, 21
England 13f., 26
Entwicklungshilfe 54
Ethik 37, 48, 56, 58, 82
Europa 87, 92f.
Evangelische Sozialethik 56
Externe Effekte 19f., 74

Federalist, The 73
Föderalismus 92f.
Formierte Gesellschaft 40
Fortschrittsoptimismus 34f.
Frankreich 13f., 36
Französische Revolution 9, 12f., 36
Freie Demokratische Partei 78
Freiheit 3f., 9—11, 13, 17—19, 22f., 25, 27, 35f., 58f., 62f., 71, 85
Frieden 18
Führung, politische 31, 46ff.

Gemeinwohl 11, 42
Gerechtigkeit 21, 28
Gesellschaft 34, 37, 39, 41, 48
Gesellschaftspolitik 40, 42
Gesetz gegen Wettbewerbsbe-
 schränkungen 39f. 52
Gewerkschaften 44
Gewinn 24
Glasnost 65
Gleichheit 9–11, 13, 17f., 20, 22f.,
 25
Globalsteuerung 43
Greenpeace 81
Große Koalition 34, 42
Die Grünen 65, 70, 72, 75, 79
Grundgesetz 4, 36, 44, 62

Hoesch 67f.
Hongkong 14, 86

Individuum und Gesellschaft 41
Interdependenz von Politik, Gesell-
 schaft und Wirtschaft 37
Interessen 39, 43, 45, 47f., 57, 59

Jugoslawien 70, 72

Kanzlerdemokratie 33
Kapitalismus, Kapitalisten 12f., 66
Katholische Soziallehre 28, 56
Kernenergie 61
Koalitionsfreiheit 62
Kollektivismus 39
Konstituierende Prinzipien 62, 91
Konsum, Konsument 11, 15f., 19,
 23f., 39
Konsumwahl, freie 62
Krieg 16, 18
Kruppwerk Rheinhausen 66f.

Lastenausgleich 34
Lateinamerika 56, 85
Lebensstile 46
Leistung 18
Liberalismus 20f., 41

Macht 41, 54, 88
Markt 10, 23, 27, 53, 57, 61, 83, 88
Marktbeherrschung 53
Marxismus, Marxisten 12f.
Massengesellschaft 42
Maßhalten 24
Menschenrechte 36, 48
Mitbestimmung 23, 34, 66, 69
Mittelmaß 19
Mittelstand 70
Monarchie 13f., 63
Montanindustrie 34
Mont Pèlerin Society 24
Moral, Moralismus 47, 58
 siehe auch Ethik

Nachtwächterstaat 41
Neue Soziale Frage 44

Ökologie
 siehe Umwelt
Öko-Steuer 75
Ölschock 34
Österreich 26
Österreichische Schule der Natio-
 nalökonomie 20
Opposition 32f.
Ordnungsdenken 43
Ordnungspolitik
 siehe Wirtschaftsordnung
Ostblock 65, 85
Ost-West-Verhältnis 37

Parlamentarischer Rat 4, 36
Parlamentarismus, englischer 13
Parteien 41, 46−48
Parteiensystem 32, 37, 45f.
Parteiprogramme 46
Perestroika 27
Planwirtschaft 4, 64, 93
Pluralistische Großgesellschaft 15f.
Polen 27, 54, 63−65, 88
Postreform 60
Preußen 14
Privateigentum
   siehe Eigentum
Privatisierung 28, 54, 61
Produktion 19

Rat für gegenseitige Wirtschaftshilfe (RGW) 27
Rechtsstaat 25, 85
Regierung 32f.
Regulierende Prinzipien 91
Rentenreform 34, 91
Restauration 13, 31
Rezession 42
Ruhrgebiet 67

Schuldenerlaß 55
Schule 82f.
Schweden 21
Singapur 14, 86
Solidarität
   siehe Brüderlichkeit
Solidarnosc 28
Sowjetunion 27, 37, 65, 87f.
Sozial, Sozialleistungen 22−25, 35, 39, 54f., 58, 69, 79
Sozialdemokratische Partei Deutschlands 32f., 43, 59, 67, 75, 79
   siehe auch Volksparteien

Soziale Marktwirtschaft, Marktwirtschaft (Begriff) 10f., 83f.
   siehe auch Unternehmerwirtschaft
Sozialethik
   siehe Ethik, Evangelische Sozialethik, Moral
Sozialismus 63f., 83
Sozialismus, christlicher 56
Sozial-liberale Koalition 31f., 42
Sozialpolitik 34, 40f., 43
Staat, Staatsaufgaben, Staatseingriffe 17, 20, 32, 41f., 44f., 52, 57, 59−62
Staatsbetriebe 28
Stahlpolitik 67
Steuerentlastung 61
Subsidiarität 93
Subvention 53
Südamerika
   siehe Lateinamerika

Taiwan 86
Tausch 18
Totalitär 32
Tschechoslowakei 63

Umverteilung 21
Umwelt, Ökologie 19, 23, 26, 44, 54, 69−71, 73−82, 84, 87−91
Umweltbundesamt 75
Unabhängigkeitserklärung, amerikanische 12
Ungarn 27, 63, 65, 68, 70, 88
Unternehmer 10, 28, 57, 66, 69
Unternehmerwirtschaft, freie 10−15, 22, 51, 58, 83

Verbände 39−41, 48, 56f.
Verbrauch, Verbraucher
   siehe Konsum

Verfassung 31, 36, 52, 72
Vereinigte Staaten von Amerika
  12, 36, 87
Vermögen 21
Vertragsfreiheit 62
Volksbegehren, Volksentscheid 70
Volkskanzler 41
Volksparteien 31, 37, 46f., 56

Wachstum, Wachstumsdenken
  34f.
Wähler 17, 21f., 46, 48
Währungsreform 64
Wahlkampf 1949 4
Wahlrecht 20, 22f., 25
Weltmarkt 53
Westorientierung 38
Wettbewerb, Wettbewerbsordnung
  10, 15, 39f., 52–55, 57–59, 64f.,
  74, 81, 83–86, 88, 92
  siehe auch Gesetz gegen Wettbewerbsbeschränkungen, Wirtschaftsordnung
Wirtschaftsbürokratie 26f.
Wirtschaftsdemokratie, ökologische Wirtschaftsdemokratie 70f.,
  73f., 84
Wirtschaftsfreiheit
  siehe Freiheit
Wirtschaftsordnung, Ordnungspolitik 3f., 31, 40, 43, 48, 51f., 57f.,
  62, 85, 92
Wirtschaftspolitik 3, 38, 40
Wirtschaftswunder 38
Wohlstand 39, 81
«Wohlstand für alle» 38
Wohlfahrtsstaat 45

Grundtexte zur Sozialen Marktwirtschaft

Ludwig-Erhard-Stiftung e.V., Bonn

Zeugnisse aus zweihundert Jahren ordnungspolitischer Diskussion

Herausgegeben von W. Stützel, Chr. Watrin, H. Willgerodt und K. Hohmann

Inhaltsübersicht:
Die Praxis der Sozialen Marktwirtschaft: Lage und Ziele vor der Währungs- und Wirtschaftsreform 1948 · Grundentscheidung für die Soziale Marktwirtschaft · Wirtschafts- und gesellschaftspolitische Orientierungsfragen · Zukunft der Sozialen Marktwirtschaft · **Die Theorie der Sozialen Marktwirtschaft:** Die Produktion · Die Verteilung · Die Interdependenz der Ordnungen

Mit der Auswahl charakteristischer und bedeutender Texte im vorliegenden Werk wird die geistesgeschichtliche Entwicklung der Sozialen Marktwirtschaft nachgezeichnet.

1981. 484 Seiten. DM 52,–

Preisänderungen vorbehalten

Das Soziale in der Sozialen Marktwirtschaft

Herausgegeben von K. Hohmann, D. Schönwitz, H.-J. Weber und H. F. Wünsche

Inhaltsübersicht:
Das Soziale als politische Idee · Die soziale Fragestellung im Wandel: Ursprünge und Triebkräfte im 19. Jahrhundert · Die soziale Frage des 20. Jahrhunderts und das Konzept der Sozialen Marktwirtschaft · **Die staatliche Sozialpolitik in der Bundesrepublik Deutschland:** Bestandsaufnahme der sozialpolitischen Entwicklung · Probleme der staatlichen Sozialpolitik · Beiträge zur Erklärung sozialpolitischer Fehlentwicklungen · **Perspektiven einer sozialen Ordnungspolitik:** Orientierung der Wirtschaftspolitik · Ansatzpunkte zur ordnungskonformen Gestaltung der Sozialpolitik · Reformvorschläge für Teilbereiche · **Exkurs:** Ludwig Erhard (1897–1977)

1988. X, 608 Seiten. DM 56,–

GUSTAV FISCHER · STUTTGART · NEW YORK

ORDO
Jahrbuch für die Ordnung von Wirtschaft und Gesellschaft

Begründet von Walter Eucken und Franz Böhm
Herausgegeben von H. O. Lenel, H. Gröner, W. Hamm, E. Heuß, E. Hoppmann, E. J. Mestmäcker, W. Möschel, J. Molsberger, A. Schüller, Chr. Watrin, H. Willgerodt.
Unter Mitwirkung von F. A. von Hayek

Band 40
1989. XXVIII, 483 S., kt. DM 118,-

Inhaltsübersicht: Institutionelle Arrangements und monetäre Theorie (F. Grünärml) · Zur Transformation von Wirtschaftsordnungen (N. Kloten) · Staatliche Souveränität und die Ordnung der Weltwirtschaft (H. Willgerodt) · Zur Interdependenz von Wirtschaftsordnung und Gesellschaftsordnung: Euckens Plädoyer für ein umfassendes Denken in Ordnungen (H.-G. Krüsselberg) · «Die Grundlagen der Nationalökonomie» vor 50 Jahren und heute (E. Heuß) · Internationale Wirtschaftspolitik im Wandel? (H. Grüner/A. Schüller) · Zu Walter Euckens kapitaltheoretischen Überlegungen (U. Fehl) u.v.a.

Band 39
1988. XIV, 361 S., kt. DM 98,-

Band 38
1987. XII, 367 S., kt. DM 98,-

Band 37
1986. 304 S., kt. DM 84,-

Band 36
1985. 304 S., kt. DM 84,-

Informationen über frühere Jahrgänge auf Anfrage.

Wirtschaftliche Dynamik und technischer Wandel
Alfred E. Ott zum 60. Geburtstag

Herausgegeben von Prof. Dr. T. Seitz.
Mit Beiträgen zahlreicher Fachautoren

1989. X, 233 S., div. Abb. u. Tab., kt. DM 68,-

Aus Anlaß des 60. Geburtstages von Prof. Dr. Alfred E. Ott haben Schüler, langjährige Mitarbeiter und Kollegen eine Sammlung von Beiträgen herausgegeben, die in inhaltlichem Bezug zu Forschungsaktivitäten Otts stehen. So entstand eine facettenreiche Publikation, die fundiert über Forschungsergebnisse informiert und Perspektiven bedeutsamer wirtschafts- und gesellschaftspolitischer Abläufe aufzeigt. Die Beiträge ordnen sich in die Abfolge von der Mikro- zur Makroökonomie und von der Theorie zur Empirie. Diese Festschrift spricht über die Fachwelt hinaus, alle an ökonomischen Zusammenhängen Interessierten an.

Inhaltsübersicht: Technischer Fortschritt und Qualitätsveränderung · Inflexible Preise · Innovation, Marktdynamik und Preisbildung · Die Erklärung des Konjunkturphänomens durch „beinahe" rationales Verhalten der Unternehmungen · Eine Neufundierung der postkeynesianischen Wachstumstheorie auf der Grundlage unvollkommener Märkte · Strukturwandel durch Bevölkerungsrückgang · Regionales Wirtschaftswachstum als Objekt der angewandten Wirtschaftsforschung · Forschung und Entwicklung als Determinanten des technischen Fortschritts im Unternehmenssektor ...

Preisänderungen vorbehalten

GUSTAV FISCHER
STUTTGART · NEW YORK

www.ingramcontent.com/pod-product-compliance
Ingram Content Group UK Ltd.
Pitfield, Milton Keynes, MK11 3LW, UK
UKHW052118190426
11946UKWH00025B/128